Edition Bankmagazin

Reihe herausgegeben von
Stefanie Burgmaier, Wiesbaden, Deutschland
Stefanie Hüthig, Wiesbaden, Deutschland

Ziel der Edition BANKMAGAZIN ist es, Trends und Herausforderungen in der Finanzwirtschaft zu beleuchten und Lösungen anzubieten. Indem sie die Theorie mit Beispielen aus dem Bankalltag verknüpfen, stellen die Fachautoren einen hohen Praxisbezug sicher. Interviews mit Verbänden und Geldinstituten aller drei Säulen zeigen, mit welcher Dynamik sich Themen wie Veränderungen beim Kundenverhalten, Digitalisierung, neue Konkurrenz durch junge Finanztechnologieunternehmen, War for Talents oder Dauerzinstief mit der Folge erodierender Margen in der Kreditwirtschaft entwickeln.

Weitere Bände in der Reihe http://www.springer.com/series/15208

Patrick Pertl

Regionalbanken zwischen Digitalisierung, Regulierung und Niedrigzinsumfeld

So bleiben Sparkassen und Genossenschaftsbanken profitabel

Patrick Pertl
Reutlingen, Baden-Württemberg
Deutschland

ISSN 2569-118X ISSN 2569-1198 (electronic)
Edition Bankmagazin
ISBN 978-3-658-26888-6 ISBN 978-3-658-26889-3 (eBook)
https://doi.org/10.1007/978-3-658-26889-3

Die Deutsche Nationalbibliothek verzeichnet diese Publikation in der Deutschen Nationalbibliografie; detaillierte bibliografische Daten sind im Internet über http://dnb.d-nb.de abrufbar.

Springer Gabler

Springer Gabler ist ein Imprint der eingetragenen Gesellschaft Springer Fachmedien Wiesbaden GmbH und ist ein Teil von Springer Nature.
Die Anschrift der Gesellschaft ist: Abraham-Lincoln-Str. 46, 65189 Wiesbaden, Germany

Vorwort

Das vorliegende Buch befasst sich mit den Themen Digitalisierung, Regulierung und dem Niedrigzinsumfeld sowie deren jeweilige Auswirkungen auf den Sektor der Regionalbanken. Bereits seit meiner Ausbildung im Jahr 2008 und anschließend auch als Unternehmensberater bin ich den Banken dieser Gruppe sehr verbunden. Mit diesem Buch werden die aktuellen Entwicklungen und Rahmenparameter zusammenfassend dargestellt. Zudem werden Handlungsempfehlungen dafür gegeben, wie sich Regionalbanken hinsichtlich der aktuellen Entwicklungen noch besser operativ und strategisch ausrichten können. Um den aktuellen Status quo auch innerhalb der einzelnen Institute darstellen zu können, erfolgte zu den Themen Digitalisierung, Regulierung und Niedrigzinsumfeld eine Online-Befragung aller Regionalbanken, an der etwa zehn Prozent aller deutschen Regionalbanken teilgenommen haben.

Die grundsätzliche Idee für dieses Buch entwickelte sich im Rahmen meiner Masterarbeit im Jahr 2017. Das Buch selbst entstand inhaltlich danach und berücksichtigt Entwicklungen bis Anfang des Jahres 2019. In den letzten Monaten haben immer mehr Regionalbanken durch verschiedene Maßnahmen zur Ausweitung des Provisionsergebnisses und zur Reduktion des Aufwands versucht, ihr Betriebsergebnis konstant zu halten. Wie sich im Rahmen dieses Buches noch zeigen wird, sind in vielen Banken bereits einige großen Stellhebel (Anpassung der Kontomodellpreise, Reduzierung der Geschäftsstellenzahl sowie Fusionen) angegangen worden. Es zeigt sich aber auch, dass es in allen Banken immer noch ungehobene Potenziale gibt, die in der Zukunft helfen können, das Betriebsergebnis weiterhin zu stabilisieren und im Optimalfall auch die Kundenzufriedenheit zu verbessern.

Zunächst möchte ich allen Banken, die an der Befragung teilgenommen haben, für ihre Zeit und die interessanten Antworten danken. Weiter geht ein Dank an alle Unterstützer und meine ehemaligen Professoren Prof. Dr. Peter Gentsch und Prof. Dr. Christian Kreiß für die Unterstützung und den fachlichen Austausch bei der Erstellung dieses Buches.

Zudem gebührt auch meinem ehemaligen Arbeitgeber (compentus/gmbh) und meinem aktuellen Arbeitgeber (zeb.rolfes.schierenbeck.associates gmbh) dafür Dank, dass ich dieses Buch während meiner Tätigkeit als Unternehmensberater erstellen konnte.

Meiner Frau Julia Pertl möchte ich auf diesem Wege nochmals von Herzen danken, weil ohne ihren unermüdlichen und über das gewöhnliche Maß hinausgehenden Einsatz als Impulsgeberin und Korrekturleserin dieses Buch nicht möglich gewesen wäre. Im gleichen Atemzug muss ich mich auch für die unzähligen Stunden entschuldigen, die ich mit der Erstellung des Manuskripts und nicht mit ihr verbracht habe. Glücklicherweise konnte ich auch hier immer auf ihr Verständnis bauen. Hierfür bin ich ihr unendlich dankbar!

Ein ganz besonderer Dank gebührt meinen Eltern Jutta und Josef Pertl. Nicht nur dafür, dass sie mich während meiner gesamten Ausbildung unterstützt haben, sondern auch für den stets liebevollen Zuspruch, dieses Buch berufsbegleitend zu erstellen und zur Druckreife zu bringen. Ihnen widme ich daher dieses Buch.

Patrick Pertl

Anmerkung: Werden in diesem Buch Personenbezeichnungen aus Gründen der besseren Lesbarkeit lediglich in der männlichen oder weiblichen Form verwendet, so schließt dies das jeweils andere Geschlecht mit ein.

Inhaltsverzeichnis

Abkürzungsverzeichnis

BaFin	Bundesanstalt für Finanzdienstleistungsaufsicht
CEO	Chief Executive Officer
EBA	European Banking Authority
EIOPA	European Insurance and Occupational Pensions Authority
ESMA	European Securities and Markets Authority
EZB	Europäische Zentralbank
GAA	Geldausgabeautomat
GewO	Gewerbeordnung
KWG	Kreditwesengesetz
Mio.	Millionen
Mrd.	Milliarden
ROI	Return on Investment
Tsd.	Tausend
USA	Vereinigte Staaten von Amerika
ZAG	Zahlungsdiensteaufsichtsgesetz
EUR	Euro

Abbildungsverzeichnis

Tabellenverzeichnis

Einleitung 1

„Veränderung ist das Gesetz des Lebens. Diejenigen, die nur auf die Vergangenheit oder die Gegenwart blicken, werden die Zukunft verpassen.“ (Dombret 2014)
John F. Kennedy, ehemaliger US-Präsident.

1.1 Ausgangslage

John F. Kennedy, der ehemalige Präsident der Vereinigten Staaten von Amerika, beschreibt in diesem Zitat eine Situation, vor der aktuell auch der gesamte Bankensektor und damit auch die Regionalbanken stehen.

▶ Unter dem Begriff Regionalbanken sind im weiteren Verlauf dieser Untersuchung Banken der Genossenschaftlichen FinanzGruppe und Banken der Sparkassen-Finanzgruppe zu verstehen. Hierzu zählen nach der für diese Arbeit geltenden Definition nicht die in der Gruppe der Kreditbanken aufgeführten Regionalbanken (vgl. Abb. 2.2).

In den vergangenen Jahren ist es insbesondere für diese Bankengruppe immer schwieriger geworden, am Markt für Finanzdienstleistungen zu bestehen.

Ausschlaggebend hierfür sind die hauptsächlichen Veränderungstreiber Digitalisierung, Regulierung und das anhaltende Niedrigzinsumfeld. Bereits jeder einzelne Themenbereich würde das Betriebsergebnis von Regionalbanken, in nicht unerheblichem Maße, negativ beeinflussen. In Kombination führt dies jedoch auf der einen Seite zu steigenden Aufwendungen für die Erfüllung regulatorischer Vorgaben und auf der anderen Seite zunehmend zu sinkenden Erträgen. Ausgelöst wird dieser Ertragsrückgang sowohl durch das anhaltende

P. Pertl, *Regionalbanken zwischen Digitalisierung, Regulierung und Niedrigzinsumfeld*, Edition Bankmagazin,
https://doi.org/10.1007/978-3-658-26889-3_1

Niedrigzinsumfeld als auch durch die Digitalisierung der Bankenbranche. Dies zeigt sich insbesondere durch neue branchenfremde Wettbewerber und ein verändertes Kundenverhalten (vgl. Lieberknecht 2016, 27 ff.).

Bill Gates sagte bereits im Jahr 1994 voraus, dass Banken vor einem fundamentalen Strukturwandel stehen. „Banking is essential for a modern economy, banks are not" (Moormann 2009, S. 53). Diese Aussage des Gründers von Microsoft ist heute noch genauso gültig wie damals. Zur damaligen Ausgangssituation der bereits seit einigen Jahren andauernden und stetig zunehmenden Digitalisierung kam noch die globale Finanzmarkt- und Bankenkrise hinzu. Ihren Höhepunkt fand diese Entwicklung im Jahr 2008 mit dem Zusammenbruch des bis dahin als systemrelevant geltenden US-Investmenthauses Lehman Brothers (vgl. Löber 2012, S. 1). Neben den Auswirkungen auf den gesamten Finanzsektor hatte dies auch den Beginn der, seit Ende des Zweiten Weltkriegs, größten Rezession der gesamten Weltwirtschaft zur Folge (vgl. Köhler und Weber 2013, S. 13).

Im Jahr 2010 kam es zudem noch in der Eurozone zu einer Staatsschuldenkrise, die sich zu einer Krise der Euro-Währung entwickelte (vgl. Neubäumer 2011, S. 827). Um die Wirtschaft und die Inflationsrate zu stabilisieren, hat die EZB das Zinsniveau immer weiter gesenkt. Davon haben zwar kurzfristig auch die Regionalbanken profitiert, mittlerweile hat dies jedoch zu stark rückläufigen Einnahmen aus dem zinsabhängigen Geschäft geführt (vgl. o. V. 2016b, S. 34). Die Wirkung der hieraus entstehenden Ertragsprobleme wurde durch die stetig steigende Zahl an regulatorischen Auflagen der verschiedensten Aufsichtsbehörden und damit steigender Aufwendungen noch verstärkt (vgl. Berg 2015).

Hinzu kommt die Digitalisierung als Einflussfaktor, der das Geschäftsmodell von Regionalbanken viel nachhaltiger verändert, als dies die Themenbereiche Regulierung und Niedrigzinsumfeld tun. Die Digitalisierung führt nicht nur zu einer immer stärkeren Technisierung und Automatisierung der Finanzindustrie, sondern auch zunehmend zu verändertem Kundenverhalten. Dies zeigt sich in der Nutzung von Kommunikationskanälen und der erwarteten Vernetzung dieser untereinander. Dabei rückt immer mehr das Mobiltelefon als ständiger Begleiter und als direkte Verbindung zur Bank in den Mittelpunkt. Insbesondere in diesem Zusammenhang erwarten zunehmend auch Kunden von Regionalbanken, dass ihre Hausbank auf diesem Wege erreichbar ist und hier das gleiche Leistungsspektrum wie FinTechs bietet (vgl. Hellenkamp 2015, 46 ff.).

▶ Der Begriff FinTech ist ein aus den zwei englischen Wörtern „finance" und „technology" zusammengesetzter Begriff, der im deutschsprachigen Raum in den vergangenen Monaten Einzug gehalten hat. Er wird im Oxford Dictionary beschrieben als „Computer programs and other technology used to support or enable banking and financial services" (o. V. 2019j).

1.2 Zielsetzung und Forschungsfrage

Zielsetzung der vorliegenden Untersuchung ist die Erstellung einer speziell auf die Bedürfnisse von Regionalbanken ausgerichteten Zusammenfassung der bestehenden Literatur, zu den Themen Digitalisierung, Regulierung und Niedrigzinsumfeld. Der Fokus soll hierbei auf dem Privatkundengeschäft liegen, da dieses aktuell besonders stark von den genannten Themen betroffen ist. Hierfür wird im Rahmen der vorliegenden Untersuchung die Erhebung des aktuellen Status quo durch das Instrument einer Befragung aller Regionalbanken durchgeführt. Die Gesamtheit der dadurch gewonnenen Informationen wird dann aufbereitet und im Kontext der vorliegenden Arbeit bewertet.

Abschließend setzt sich diese Untersuchung zum Ziel, neben der zusammenfassenden Darstellung der aktuellen Situation, auch Handlungsempfehlungen für Regionalbanken zu entwickeln. Diese Maßnahmen sollen Regionalbanken dann Schritt für Schritt dabei helfen, auch in Zukunft profitabel arbeiten zu können. Nur mit einem stabilen betriebswirtschaftlichen Fundament können diese Banken auch in Zukunft in der Fläche die Versorgung mit Finanzdienstleistungen jeder Art und die Beratung durch qualifizierte Mitarbeiter sicherstellen.

Die Forschungsfrage dieser Untersuchung lautet daher:

- Welche konkreten Auswirkungen haben die Einflussfaktoren Digitalisierung, Regulierung und das Niedrigzinsumfeld auf Regionalbanken, welche Maßnahmen ergreifen diese, wie ist der aktuelle Umsetzungsstand und welche Handlungsempfehlungen lassen sich hieraus für die Zukunft ableiten?

1.3 Struktur der Arbeit

Die vorliegende Untersuchung ist in acht Kapitel gegliedert. Aufbau und Zusammenhang der einzelnen Kapitel werden zur besseren Übersicht in Abb. 1.1 dargestellt.

Kap. 1 beschreibt kurz die aktuelle Ausgangslage sowie die Problemstellung, zudem werden Motivation und Zielsetzung vorgestellt. Abschließend gibt der letzte Gliederungspunkt dieses Kapitels in strukturierter Form einen Überblick über die Inhalte dieses Buches.

Kap. 2 beinhaltet eine detaillierte Darstellung des deutschen Bankenmarktes und liefert das Fundament für die hier vorliegende Untersuchung. Im ersten Schritt wird geklärt, welche rechtlichen Voraussetzungen ein Finanzdienstleistungsunternehmen

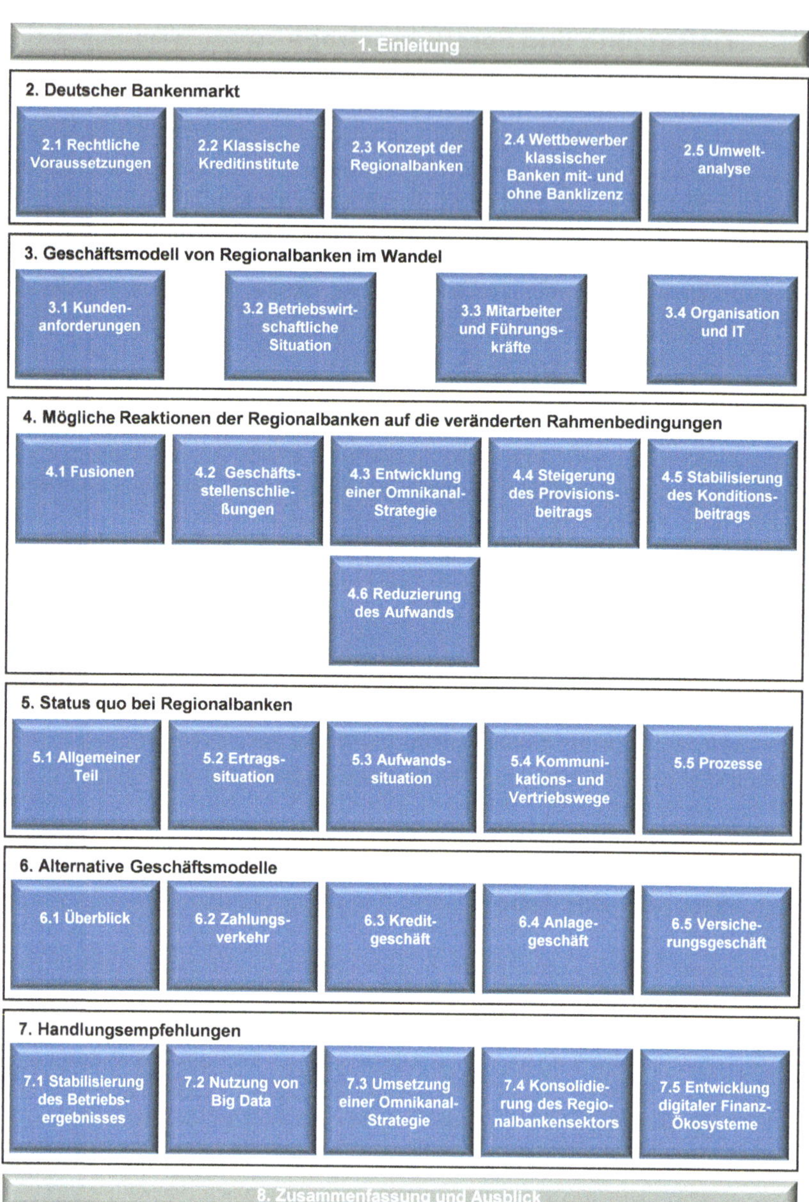

Abb. 1.1 Aufbau der Arbeit. (Quelle: eigene Darstellung in Anlehnung an Löber 2012, S. 6)

in Deutschland erfüllen muss, um eine Zulassung als Bank zu erhalten und welche weiteren Lizenzen es für diese Unternehmen gibt. Im weiteren Verlauf des Kapitels werden die verschiedenen Wettbewerbsgruppen im deutschen Finanzdienstleistungssektor vorgestellt und grob in klassische Kreditinstitute, sowie deren Wettbewerber aufgeteilt. Das darauffolgende Kapitel dient der Beschreibung des Konzepts der Regionalbanken. Wesentlicher Bestandteil dieses Kapitels ist der letzte Abschnitt, der sich mit einer strukturierten Umweltanalyse beschäftigt. Kern dieser Analyse stellen einerseits die Untersuchung des Wettbewerbs innerhalb der Branche und andererseits die Wirkungsanalyse externer Einflussfaktoren dar.

Kap. 3 ist als Weiterführung des vorangegangenen Abschnitts zu verstehen. Hier werden die Auswirkungen verschiedener Einflussfaktoren auf das Geschäftsmodell von Regionalbanken vorgestellt. Dies erfolgt insbesondere unter Berücksichtigung der Größe dieser Institute. Zunächst werden die veränderten Anforderungen der Kunden, an ihre Hausbank, vorgestellt und dann um weitere Punkte, wie die sich zuspitzende betriebswirtschaftliche Situation, die veränderten Anforderungen an die Mitarbeiter und deren Arbeitsplatz, sowie an die Organisation, die Steuerung und die IT einer Regionalbank ergänzt.

Mit Kap. 4 erfolgt eine Beschreibung, sich in der Branche abzeichnender Reaktionen, die als Antwort der Regionalbanken auf das sich verändernde Umfeld zu verstehen sind. Im Rahmen dieses Kapitels werden Aspekte wie Fusionen, Geschäftsstellenschließungen sowie weitere Möglichkeiten zur Ertragssteigerung und Kostenreduktion vorgestellt und umfänglich beschrieben.

Kap. 5 stellt die Erhebung des aktuellen Umsetzungsstandes verschiedener ausgewählter Maßnahmen bei Regionalbanken vor. Der erste Teil beschreibt die Vorgehensweise bei der Datenerhebung zum aktuellen Status quo. Die untersuchten Themenfelder lassen sich in mehrere Themenblöcke unterteilen. Diese sind der Umsetzungsstand auf der Ertrags- und Aufwandsseite, die aktuelle Situation hinsichtlich der angebotenen Kommunikations- und Vertriebswege sowie der aktuelle Stand im Rahmen von verschiedenen bankinternen Prozessen.

Neben dem bereits im Detail vorgestellten Geschäftsmodell von Regionalbanken werden in Kap. 6 verschiedene andere Geschäftsmodelle kurz vorgestellt. Zu Beginn dieses Gliederungspunkts erfolgt eine Einführung in das Themenfeld der alternativen Geschäftsmodelle im Finanzsektor, welche zum Großteil durch FinTechs abgebildet werden. Nachfolgend werden einzelne Themengebiete wie der Zahlungsverkehr, das Kreditgeschäft und das Anlagegeschäft genauer untersucht. Abschließend erfolgt noch ein schematischer Einblick in die Versicherungsindustrie, innerhalb welcher es unter dem Sammelbegriff InsurTech ebenfalls eine Vielzahl an Geschäftsmodellen gibt, die Wettbewerber von Regionalbanken und deren Verbundunternehmen darstellen.

In Kap. 7 werden Handlungsempfehlungen für ein weiterhin erfolgreiches Bestehen von Regionalbanken gegeben. Im ersten Schritt geht es hierbei um die betriebswirtschaftliche Situation. Darauf aufbauend werden die mögliche Nutzung des vorhandenen Datenbestandes und die vollumfängliche Transformation hin zu einer Omnikanal-Bank beschrieben. Eine weitere wichtige Handlungsempfehlung ist es auch in Zukunft den Konsolidierungsprozess weiter voranzutreiben. Dadurch soll in letzter Konsequenz mit veränderten Größenklassen über die Entwicklung eines digitalen Finanz-Ökosystems nachgedacht werden.

▶ Digitale Finanz-Ökosysteme sind dynamische Komplexe von Finanzdienstleistungsangeboten, die Anwendern einen bequemen Zugang zu einer Vielzahl an verschiedenen personalisierten Produkten ermöglichen, ohne dass diese hierfür zu einer anderen Plattform wechseln müssen (vgl. Dapp 2015). Für weiterführende Informationen siehe Abschn. 7.5.

Abschließend werden die Ergebnisse nochmals zusammengefasst und bewertet.

Deutscher Bankenmarkt 2

Kap. 2 befasst sich mit dem deutschen Bankenmarkt als Ganzes. Hierfür wird im ersten Schritt untersucht, welche Voraussetzungen ein Unternehmen erfüllen muss, um als Bank zugelassen zu werden. Im Anschluss daran werden dann die verschiedenen Bankentypen kurz erläutert und auf ihren Einfluss auf den Bankensektor hin untersucht.

2.1 Rechtliche Voraussetzungen

In Deutschland ist es für Unternehmen, die Finanzdienstleistungen gewerblich anbieten wollen, nur noch in Ausnahmefällen ausreichend, lediglich eine Erlaubnis des Gewerbeamtes nach § 34 f. oder h GewO zu besitzen (vgl. o. V. 2019s, vgl. o. V. 2019t). Die Pflichten zur Beantragung einer der weiterführenden Lizenzen ergeben sich aus dem Kreditwesengesetz, dem Zahlungsdiensteaufsichtsgesetz oder dem Kapitalanlagegesetzbuch (vgl. o. V. 2019e). Die sich daraus ergebenden Lizenzen sind in Deutschland bei der BaFin zu beantragen (vgl. Niehage 2016, S. 38). Diese Aufsichtsbehörde ist nicht nur für klassische Banken, sondern auch für Unternehmen zuständig, die lediglich Finanzdienstleistungen anbieten oder Zahlungsverkehrsdienstleistungen erbringen (vgl. o. V. 2019g).

Wollen Unternehmen Bankgeschäfte erbringen, so benötigen sie eine nach § 32 KWG geregelte Erlaubnis (vgl. o. V. 2019u). Hierbei unterscheidet das Gesetz nach § 1 KWG in Kreditinstitute und in Finanzdienstleistungsunternehmen. Kreditinstitute sind je nachdem, ob diese eine Vollbanklizenz oder eine Teilbanklizenz besitzen zum Erbringen einzelner oder aller in § 1 Abs. 1 KWG genannten Bankgeschäfte und der in § 1 Abs. 1a KWG genannten Finanzdienstleistungen

P. Pertl, *Regionalbanken zwischen Digitalisierung, Regulierung und Niedrigzinsumfeld*, Edition Bankmagazin,
https://doi.org/10.1007/978-3-658-26889-3_2

berechtigt. Finanzdienstleistungsunternehmen, die geringere Anforderungen zu erfüllen haben, sind zum Erbringen von Bankgeschäften nicht berechtigt (vgl. Beck 2015, S. 248).

Neben der Banklizenz gibt es noch eine weitere Lizenz, die in Deutschland bei der BaFin beantragt werden kann. Hierbei handelt es sich um die E-Money-Lizenz, die es E-Geldinstituten nach § 11 ZAG erlaubt Zahlungsdienstleistungen nach § 1 Abs. 2 ZAG zu erbringen. Diese Lizenz ermöglicht es demnach auch Unternehmen ohne Banklizenz Zahlungsverkehrsdienstleistungen anzubieten (vgl. o. V. 2018w, vgl. 2019ae).

2.2 Klassische Kreditinstitute

Für eine Unterteilung klassischer Kreditinstitute ist es im ersten Schritt wichtig, festzulegen, auf welchem Bankenmarkt man sich für die Untersuchung befindet. Grundsätzlich ist zwischen einem Trennbankensystem und einem Universalbankensystem zu unterscheiden (vgl. Lukas 2004, S. 5 f.). In einem Trennbankensystem, wie es beispielsweise in den USA besteht, spezialisieren sich Banken auf bestimmte Bankdienstleistungen. Dies erfolgt in der Regel wie in den USA per Gesetz (Glass-Seagall Act oder Gramm-Leach-Billy Act) (vgl. Schöning 2017). Hier bildete sich eine klare Trennung zwischen Investment- und Privatkundenbanken heraus. Für die Zwecke dieser Ausarbeitung wird der deutsche Bankenmarkt untersucht, der in Gestalt eines Universalbankensystems organisiert ist. In einem solchen System können sich Banken freiwillig spezialisieren, müssen dies aber nicht per Gesetz tun (vgl. Alt und Puschmann 2016, S. 10). Die Gesamtheit aller deutschen Kreditinstitute lässt sich grundsätzlich zwischen Universalbanken und Spezialbanken unterscheiden. Innerhalb des Universalbankensektors ist eine Aufteilung nach Zugehörigkeit zu den drei Säulen Kreditbanken, Sparkassen und Landesbanken sowie Genossenschaftsbanken zu erkennen (vgl. Adrian und Heidorn 2000, S. 19). Nach Angaben der Deutschen Bundesbank gab es in Deutschland Anfang des Jahres 2018 etwa 1823 Banken (vgl. o. V. 2018b) (Abb. 2.1).

Die grundsätzlichen Aufgaben eines Bankensystems sind bezogen auf eine makroökonomische Perspektive die Losgrößentransformation, die Fristentransformation, die Risikotransformation und die Informationstransformation (vgl. Gramlich 2012, S. 125). Banken als Einzelinstitute erfüllen im Rahmen einer Volkswirtschaft ebenfalls viele verschiedene wichtige Aufgaben. Hierzu zählen im Rahmen einer ersten groben Unterscheidung die Zahlungsverkehrsfunktion, die Investitionsfunktion, die Kreditfunktion und die Dienstleistungsfunktion (vgl. Freixas und Rochet 2008, S. 2 ff.).

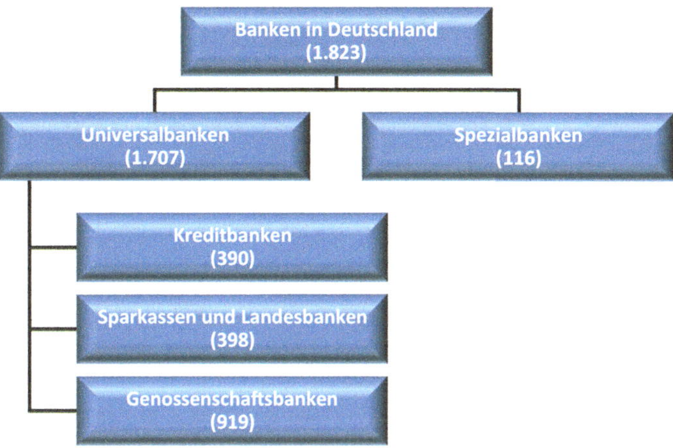

Abb. 2.1 Anzahl Kreditinstitute nach Gruppen. (Quelle: eigene Darstellung nach Zahlen von o. V. 2018u)

2.2.1 Universalbanken

Der mit Abstand größte Teil der deutschen Banken ist als Universalbank tätig. Banken, die diesem Segment angehören, ist es erlaubt alle in § 1 KWG genannten Bankgeschäfte anzubieten. Dies führt dazu, dass es grundsätzlich keine Unterscheidung in der Art der Geschäftstätigkeit, der unter dem Dach der Universalbank zusammengefassten Institute gibt (vgl. Hartmann-Wendels et al. 2019, S. 29 f.). Wie bereits eingangs erwähnt ist es aber dennoch möglich eine Unterteilung in das für Deutschland kennzeichnende Drei-Säulen-System vorzunehmen. Der Fokus von Kreditbanken liegt auf der Maximierung des Unternehmensgewinns, das Hauptaugenmerk der Sparkassen und Landesbanken liegt auf der Gemeinnützigkeit und der Versorgung der Bevölkerung mit Finanzdienstleistungen und der Markenkern der Genossenschaftsbanken ist die Förderung ihrer Mitglieder (vgl. Adrian und Heidorn 2000, S. 20).

2.2.1.1 Kreditbanken

Wie bereits erwähnt, stellen Kreditbanken die erste Säule des deutschen Bankenmarktes dar. Trotz ihrer relativ geringen Anzahl an Instituten vereint diese Gruppe den (gemessen an der Bilanzsumme) größten Anteil des Gesamtmarktes auf sich. Werte der Deutschen Bundesbank zeigen, dass dies Stand Dezember 2017 3130 Mrd. EUR waren (vgl. o. V. 2019i). In diesem Sektor arbeiten laut Arbeitgeberverband des privaten Bankgewerbes knapp 167.000 Beschäftigte, womit Kreditbanken rund 29 % aller Beschäftigten des Kreditgewerbes auf sich vereinen (vgl. o. V. 2018d) (Abb. 2.2).

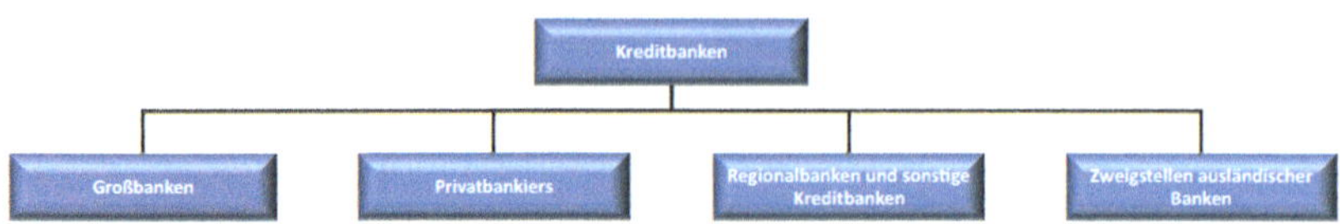

Abb. 2.2 Einteilung Kreditbanken. (Quelle: eigene Darstellung in Anlehnung an Ettmann und Wolff 2019, 14 f.)

Kreditbanken wiederum können in Großbanken, Privatbankiers, Regional- und sonstige Kreditbanken, sowie Zweigstellen ausländischer Banken unterteilt werden (vgl. Ettmann und Wolff 2019, S. 14 f.). Die bekanntesten Kreditbanken gehören in den Bereich der Großbanken und sind die Deutsche Bank, die Commerzbank, die UniCredit Bank sowie die Postbank (vgl. Hartmann-Wendels et al. 2019, S. 31). Diese Banken werden jeweils in Form einer Aktiengesellschaft geführt und sind damit stark am Kapitalmarkt orientiert. Großbanken besitzen ein flächendeckendes Filialnetz und sind neben dem klassischen Privat- und Firmenkundengeschäft insbesondere im Auslands- und Wertpapiergeschäft sowie dem Investmentbanking tätig (vgl. Eim 2004, S. 16).

Neben den Großbanken gibt es noch die Gruppe der Privatbankiers, die in den Rechtsformen der Einzelunternehmung oder als Personenhandelsgesellschaft firmieren. Diese Institute sind insbesondere in den großen Finanzzentren vertreten. Zumeist werden zwar alle Bankgeschäfte angeboten, aber gewisse Schwerpunkte wie zum Beispiel die Vermögensverwaltung gebildet (vgl. Grill et al. 2016, S. 46 f.).

Die Gruppe der Regionalbanken und sonstigen Kreditbanken besteht aus Regional-, Lokal-, Haus-, Konzern- und Branchenbanken (vgl. Büschgen 1999, S. 81 f.). Diese Institute werden zum Großteil als Aktiengesellschaften und vereinzelt als Kommanditgesellschaften auf Aktien oder Gesellschaften mit beschränkter Haftung geführt (vgl. Grill et al. 2016, S. 46 f.). Anders als Großbanken sind diese Institute in der Regel auf einen abgegrenzten geografischen Raum begrenzt (vgl. Büschgen 1999, S. 81 f.). Eine Ausnahme bilden hier die Haus- und Konzernbanken, die als eigene Banken von Großunternehmen und Konzernen nahezu ausschließlich die Bankgeschäfte des jeweiligen Unternehmens abwickeln (vgl. Sauer et al. 2016, S. 23). Einige Unternehmen, wie beispielsweise die Mercedes-Benz Bank, sind aber durchaus auch im Publikumsgeschäft sehr aktiv (vgl. o. V. 2019y).

In den letzten Jahren haben durch die gestiegenen internationalen Verflechtungen immer mehr ausländische Banken Zweigstellen in Deutschland eröffnet. Diese Institute sind überwiegend in der Abwicklung von Export- und Importgeschäften und der Betreuung von Tochtergesellschaften im Ausland ansässiger Unternehmer tätig (vgl. Grill et al. 2016, S. 46 f.). Grundsätzlich dürfen diese Institute, die als eigenständige Banken in Deutschland eine Banklizenz besitzen müssen, jedoch jegliche Art von Bankgeschäften anbieten und durchführen. Ausdrücklich ausgenommen von der Pflicht, eine Banklizenz zu besitzen, sind Repräsentanzen, die vornehmlich bestehende Geschäftsbeziehungen pflegen und neue knüpfen sollen (vgl. Büschgen 1999, S. 84 f.).

2.2.1.2 Sparkassen und Landesbanken

Die zweite Säule des deutschen Bankenmarktes bilden die Sparkassen und Landesbanken (vgl. Hartmann-Wendels et al. 2019, S. 28). Sparkassen und Landesbanken sind grundsätzlich Anstalten öffentlichen Rechts. Neben diesen Instituten gibt es auch einige freie Sparkassen, die überwiegend als Stiftungen öffentlichen Rechts oder als wirtschaftliche Vereine geführt werden (vgl. Grill et al. 2016, S. 48 ff.). Die Sparkassenorganisation ist in einem dreistufigen Verbundsystem organisiert. Auf der untersten Stufe stehen die einzelnen lokalen Sparkassen, die das Fundament der Sparkassen-Finanzgruppe bilden. Auf Ebene zwei finden sich die überregional agierenden Landesbanken, die auch gleichzeitig als Girozentralen und Zentralinstitute für den Zahlungsverkehr der einzelnen Sparkassen agieren. Das Spitzeninstitut der Sparkassenorganisation ist die Deka Bank (vgl. Ettmann und Wolff 2019, S. 14).

Wie aus der Rechtsform der Anstalten öffentlichen Rechts bereits ersichtlich ist, befinden sich Sparkassen ausnahmslos im Eigentum öffentlich-rechtlicher Institutionen (vgl. Hartmann-Wendels et al. 2019, S. 34). Daher galten für Sparkassen in der Vergangenheit durch staatliche Hilfsgarantien einige Besonderheiten hinsichtlich der Haftung. Bei diesen Garantien sind zum einen die im Jahr 2001 abgeschaffte Gewährträgerhaftung und zum anderen die Anstaltslast zu unterscheiden (vgl. Gubitz 2013, S. 69 ff.).

▶ Definition:

Die bis in das Jahr 2001 geltende **Gewährträgerhaftung** beinhaltete die uneingeschränkte Verpflichtung des Trägers für die Verbindlichkeiten der jeweiligen Sparkasse einzustehen. Dadurch, dass die Inanspruchnahme des Trägers erst nach Befriedigung der Verbindlichkeiten aus dem Vermögen der Sparkasse zu erfolgen hatte, entsprach diese Form der Haftung einer Ausfallbürgschaft (vgl. Lütke-Uhlenbrock 2007, S. 11 f.).

Die **Anstaltslast** entspricht der internen Verpflichtung des Trägers, die jeweilige Sparkasse finanziell instand zu halten und damit unter Umständen sogar Verluste auszugleichen. Seit 2005 unterstützt der Träger nur noch bei der Erfüllung der Aufgaben mit der Bedingung, dass es seitens des Trägers keine Verpflichtung gibt finanzielle Mittel zur Verfügung zu stellen (vgl. Grill et al. 2016, S. 50).

Eine weitere Besonderheit ist der im Sparkassengesetz geregelte öffentliche Auftrag, der sich insbesondere in Form der Gemeinnützigkeit widerspiegelt. Zudem gelten für Sparkassen drei weitere Prinzipien, die den Umfang der Geschäftstätigkeit begrenzen. Die erste Einschränkung ist das Regionalprinzip, das zur Folge hat, dass Sparkassen Kredite nur an Personen oder Unternehmen vergeben sollen, die in deren Geschäftsgebiet und damit im Gebiet des Trägers ansässig sind. Einlagen hingegen können auch aus Regionen außerhalb des Geschäftsgebiets entgegengenommen werden. Das zweite Prinzip ist das Enumerationsprinzip, wonach Sparkassen grundsätzlich alle Geschäfte untersagt sind, die nicht in der Sparkassenverordnung und der Sparkassensatzung explizit erlaubt sind. Das hat insbesondere zur Folge, dass keine hoch spekulativen Geschäfte getätigt werden dürfen. Das letzte Prinzip ist das Subsidiaritätsprinzip, das sich auf den mehrstufigen Aufbau der Sparkassen-Finanzgruppe bezieht, in der innerhalb der Organisation Arbeitsteilung herrscht. Demnach erfüllt jede Sparkasse selbst, was sie zu leisten imstande ist, wo jedoch sinnvoll, kooperieren diese untereinander oder mit den Unternehmen der Sparkassen-Finanzgruppe (vgl. Lütke-Uhlenbrock 2007, S. 12 ff.).

Stand Ende 2017 gab es in Deutschland etwa 390 Sparkassen und acht Landesbanken. Damit hat sich im Laufe des Jahres 2017 die Anzahl der Sparkassen um 14 Institute verringert (vgl. o. V. 2018u). Innerhalb der gesamten Sparkassen-Finanzgruppe arbeiten circa 304.500 Mitarbeiter, wobei davon circa 216.120 Mitarbeiter allein bei den Sparkassen beschäftigt sind (vgl. o. V. 2018i). Die Anzahl der Beschäftigten je Sparkasse variiert stark zwischen circa 5290 Beschäftigten bei der Hamburger Sparkasse und der Stadtsparkasse Bad Sachsa mit 39 Beschäftigten. Ein ähnliches Bild zeichnet sich bei der Betrachtung der Bilanzsumme ab, die zwischen circa 44 Mrd. EUR und gerade einmal 131 Mio. EUR variiert (vgl. o. V. 2018r). Die akkumulierte Bilanzsumme aller Sparkassen liegt bei etwa 1200 Mrd. EUR und die aller Landesbanken bei circa 861 Mrd. EUR (vgl. o. V. 2019i). Neben der Bilanzsumme und der Anzahl an Beschäftigten gibt auch die Anzahl der Geschäftsstellen ein sehr differenziertes Bild ab. Insgesamt gibt es im Sparkassensektor etwa 10.500 Filialen (vgl. o. V. 2018b). Die Spannweite reicht hier bei den Sparkassen von einer bis 194 Geschäftsstellen (vgl. o. V. 2018r).

2.2.1.3 Genossenschaftsbanken

Die dritte und letzte Säule der Universalbanken ist die der Genossenschaftsbanken (vgl. Hartmann-Wendels et al. 2019, S. 28). Alle Genossenschaften firmieren in der Rechtsform der eingetragenen Genossenschaft. Jede dieser Banken gehört zu 100 % ihren Mitgliedern, die zugleich auch ihre Kunden sind. Unter den circa 30 Mio. Kunden der Genossenschaftsbanken befinden sich auch mehr als 18 Mio.

Mitglieder (vgl. o. V. 2019ac). Eine Genossenschaft ist so aufgebaut, dass alle Organe und Gremien durch die Mitglieder besetzt werden. Hierbei besitzt jedes Mitglied, unabhängig von der Anzahl an Genossenschaftsanteilen, eine Stimme (vgl. Glenk 2013, S. 1 ff.). Die genossenschaftliche Organisation ist in einem zweistufigen Verbundsystem organisiert. Auf der untersten Stufe stehen die einzelnen Genossenschaftsbanken, die das Fundament der Genossenschaftlichen FinanzGruppe bilden. Hinzu kommt die DZ Bank als alleiniges Zentralinstitut aller Genossenschaftsbanken (vgl. Ettmann und Wolff 2019, S. 14). Dieses Institut entstand am 29. Juli 2016 durch die Fusion mit der WGZ Bank (vgl. Burgi 2016).

Per Ende 2017 gab es in Deutschland etwa 910 Genossenschaftsbanken und damit knapp 60 Banken weniger als Anfang des Jahres. Darunter subsumieren sich neben den in der Anzahl deutlich überwiegenden Volksbanken und Raiffeisenbanken unter anderem auch die Sparda-Banken, die GLS Bank, die Deutsche Apotheker- und Ärztebank, die PSD Banken, die BBBank sowie verschiedene Kirchenbanken und Spezialinstitute (vgl. o. V. 2018s). In allen Genossenschaftsbanken arbeiten in Summe knapp 152.300 Mitarbeiter (vgl. o. V. 2018u). Die Spannweite der Beschäftigten reicht von einem fest angestellten Mitarbeiter bei der Raiffeisenbank Gammesfeld eG bis zu 2.553 Mitarbeitern bei der Deutsche Apotheker- und Ärztebank (vgl. Schmale 2016a; vgl. o. V. 2018k). Ein ähnliches Bild zeichnet sich bei der Betrachtung der Bilanzsumme ab, die zwischen circa 42 Mrd. EUR und gerade einmal knapp 19 Mio. EUR variiert (vgl. o. V. 2018s). Die akkumulierte Bilanzsumme aller Genossenschaftsbanken liegt bei circa 890 Mrd. EUR. Hinzu kommen noch weitere 506 Mrd. EUR bei der genossenschaftlichen Zentralbank (vgl. o. V. 2019i, 2018n). Neben der Bilanzsumme und der Anzahl an Beschäftigten zeichnet auch die Anzahl der Geschäftsstellen ein sehr differenziertes Bild. Insgesamt gibt es im Genossenschaftssektor etwa 10.370 Filialen (vgl. o. V. 2018b). Die Spannweite reicht hier von ein bis knapp 130 Geschäftsstellen (vgl. o. V. 2018o).

Trotz der relativ niedrigen akkumulierten Bilanzsumme der Genossenschaftsbanken per Ende 2017 schafften es diese Banken, insbesondere im Vergleich zu Großbanken und Sparkassen, die beste Aufwands- und Ertrags-Relation und die höchste Eigenkapitalrentabilität zu erwirtschaften (vgl. o. V. 2019f, vgl. o. V. 2019m). Diese vergleichsweise guten Werte erzielen die Genossenschaftsbanken zu großen Teilen durch das Privatkundengeschäft und das Geschäft mit kleinen- und mittelständischen Unternehmen (vgl. Arts 2016, S. 4).

Alle Genossenschaftsbanken sind eigenständige Unternehmen und nicht zentral gesteuert. Jedes einzelne Institut folgt dem Subsidiaritätsgedanken. Demnach erfüllt jede Genossenschaftsbank selbst, was sie zu leisten imstande ist, wo jedoch sinnvoll, kooperieren diese untereinander oder mit den Unternehmen der Genossenschaftlichen FinanzGruppe (vgl. Schwab 2014, 242 f.).

Der Leitgedanke aller Genossenschaften und damit auch aller Banken mit dieser Rechtsform ist die Förderung der Mitglieder, mit dem Ziel der Hilfe zur Selbsthilfe (für den nachfolgenden Abschnitt vgl. o. V. 2019p). Die genossenschaftlichen Werte basieren auf fünf Leitlinien: 1) Mitgliederverpflichtung. Demnach ist eine Genossenschaftsbank niemandem außer ihren eigenen Mitgliedern, die zugleich auch Kunden sind, verpflichtet. 2) Die zweite wichtige Ausprägung ist die Partnerschaftlichkeit. Genossenschaftsbanken sind durch ihre regionale Verwurzelung mehr als nur Banken. Sie sind auch wichtiger Wirtschaftsfaktor in der Region. 3) Der dritte Aspekt ist das Werteversprechen der Transparenz. Hierbei geht es darum, das Mitglied in den Mittelpunkt des Handelns zu stellen und ihm auf Augenhöhe zu begegnen. Logische Konsequenz hieraus ist es diesem nur Produkte und Dienstleistungen anzubieten, die ihn seinen Wünschen und Zielen näherbringen. 4) Der vorletzte Aspekt des genossenschaftlichen Werteversprechens ist die Solidarität unter den Mitgliedern, zwischen den Mitgliedern und der Bank aber auch zu allen weiteren Anspruchsgruppen der Genossenschaftsbanken. 5) Die Bodenständigkeit ist das fünfte und letzte Werteversprechen, das sich insbesondere auch in den vergangenen Jahren und Jahrzehnten als richtig und wichtig erwiesen hat. Als eine von wenigen Bankengruppen haben es Genossenschaftsbanken zum Beispiel bis heute geschafft, ohne staatliche Hilfen auszukommen (vgl. Vogelsang 2010, B 2).

Genossenschaftsbanken sind wie gerade beschrieben nicht nur rein ökonomisch- und gewinnorientierte Institute, sondern eher eine Art Wertegemeinschaft. Das bedeutet auch, dass Genossenschaftsbanken im Zweifel auf ein gewinnträchtiges Geschäft verzichten, um nicht gegen genossenschaftliche Werte zu verstoßen (vgl. Schwab 2014, 242 f.).

2.2.2 Spezialbanken

Neben der Gruppe der Universalbanken gibt es noch eine Reihe von Instituten, die nicht das gesamte Leistungsspektrum, sondern nur einen Teilausschnitt daraus anbieten (vgl. Wingendorf 2009, S. 123). Diese Beschränkung kann entweder in der bewussten Entscheidung, sich auf ein bestimmtes Leistungsangebot zu spezialisieren begründet sein oder aber in der Übernahme von Sonderaufgaben für den gesamten Bankensektor. Während es sich bei der Kreditanstalt für Wiederaufbau beispielsweise um ein Kreditinstitut öffentlichen Rechts mit Sonderaufgaben handelt und die Deutsche Industriekreditbank ein solches Institut privaten Rechts ist, sind Realkreditinstitute, Bausparkassen, Kapitalanlagegesellschaften und Bürgschaftsbanken Kreditinstitute mit einem speziellen Leistungsangebot (vgl. Grabner et al. 2016, S. 35). Abb. 2.3 gibt einen Überblick über die verschiedenen Bankentypen innerhalb des Sektors der Spezialbanken.

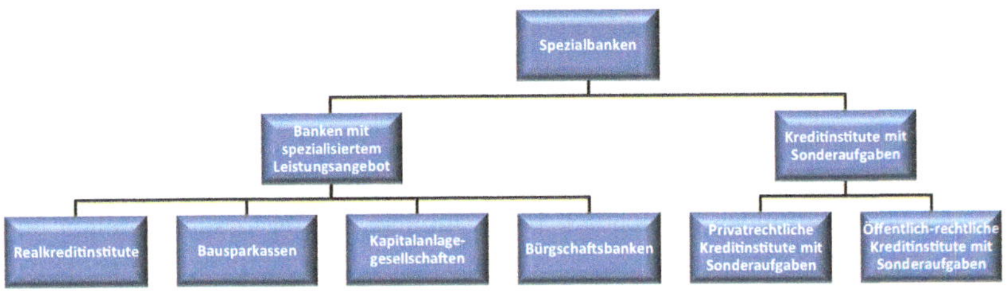

Abb. 2.3 Einteilung Spezialbanken. (Quelle: eigene Darstellung in Anlehnung an Ettmann und Wolff 2019, 14 f.)

2.3 Konzept der Regionalbanken

Als Regionalbanken im Sinne dieser Untersuchung sind, wie bereits in der Einleitung kurz beschrieben, alle Sparkassen und Genossenschaftsbanken zu verstehen. Regionalbanken und sonstige Kreditbanken in der Gruppe der Kreditbanken zählen hier nicht dazu.

Die Entstehung der ersten Regionalbanken, im Sinne der Definition des vorliegenden Buches, geht bis ins 18. Jahrhundert zurück. Im Jahr 1778 wurde das erste sparkassenähnliche Institut in Hamburg gegründet (vgl. o. V. 2019r). Die Entstehung von öffentlich-rechtlichen Sparkassen und Genossenschaftsbanken, wie wir sie heute kennen, geht bis zur Mitte des 19. Jahrhunderts zurück. Bei der Gründung der Genossenschaftsbanken gab es vier maßgebliche Strömungen, die sich in den vergangenen Jahren immer weiter angenähert haben. Hier lassen sich auf der einen Seite die eher städtisch geprägten, durch Hermann Schulze-Delitzsch und Karl Korthaus begründeten Banken sowie auf der anderen Seite die eher ländlich geprägten, durch Friedrich Wilhelm Raiffeisen und Wilhelm Haas maßgeblich beeinflussten Banken unterscheiden (vgl. Guinnane 2013, S. 52). Heute werden all diese Institute unter dem Begriff der Volks- und Raiffeisenbanken zusammengefasst (vgl. o. V. 2019q).

Genossenschaftsbanken entwickelten sich, um auch Kleingewerbetreibenden und Landwirten eine Möglichkeit zu geben, auf einfachem Wege Kredite aufzunehmen (vgl. Blome-Drees und Schmale 2004, S. 44). Sparkassen hingegen wurden ursprünglich für die ärmeren Bevölkerungsschichten gegründet, um auch diesen in der Fläche Zugang zu Finanzdienstleistungen zu ermöglichen (vgl. Pohl 2001, S. 29 ff.). Während bei Genossenschaftsbanken der Selbsthilfegedanke im Fokus steht, hat sich das Sparkassenwesen stärker aus sozial-politischen Motiven heraus entwickelt. Dies manifestiert sich auch heute noch in der Erfüllung ihres öffentlichen Auftrags (vgl. Neumann 2003, S. 8 ff.).

Weitere grundlegende Gemeinsamkeiten zwischen Genossenschaftsbanken und Sparkassen sind die Dezentralität, das breit gefächerte Geschäftsstellennetz und die Selbstständigkeit der einzelnen Institute, trotz zentraler Organisation seitens der jeweiligen Finanzgruppen. Zudem unterscheiden sich der Kreis der Kunden und das Geschäftsgebiet kaum. Die durchschnittliche Größe der jeweiligen Banken der Institutsgruppen hinsichtlich Bilanzsumme, Anzahl Geschäftsstellen und Anzahl an Mitarbeitern unterscheidet sich hingegen in beachtlicher Weise. Hinzu kommt der Unterschied in der Rechtsform. Während Genossenschaftsbanken in Gestalt einer Genossenschaft organisiert sind und damit dem Genossenschaftsrecht unterliegen, sind Sparkassen nahezu ausschließlich als Gesellschaft öffentlichen Rechts organisiert und unterliegen damit dem jeweiligen Sparkassengesetz der einzelnen Bundesländer (vgl. Abschn. 2.2.1.2, vgl. Abschn. 2.2.1.3).

Zusammenfassend kann festgehalten werden, dass Genossenschaftsbanken und Sparkassen in ihrer Ausrichtung und ihrer Infrastruktur, als regional aufgestellte Institute eine gewisse Ähnlichkeit aufweisen. Inhaltlich, in ihrer Geschichte und hinsichtlich der unterschiedlichen Unternehmensgrößen lassen sich jedoch auch merkliche Unterschiede herausarbeiten.

2.4 Wettbewerber klassischer Banken mit- und ohne Banklizenz

Neben den klassischen Wettbewerbern, die sich insbesondere durch ihre ausgeprägte Geschäftsstellenstruktur und das historisch bedingt eher analog orientierte Geschäftsmodell charakterisieren lassen, werden in diesem Abschnitt Wettbewerber vorgestellt, die ihre Produkte und Dienstleistungen ausschließlich auf digitalen Wegen anbieten (für Abschn. 2.4 vgl. Auge-Dickhut et al. 2014, S. 23 ff.). Hierbei erfolgt eine Unterteilung in Wettbewerber mit einer Banklizenz und Wettbewerber ohne Banklizenz. Abgesehen von den Direktbanken können alle anderen neuen Wettbewerber als FinTechs bezeichnet werden. Nach einer Studie aus dem Jahr 2016 gibt es weltweit mehr als 12.000 FinTechs, wobei in Deutschland aktuell circa 433 FinTechs ansässig sind (vgl. Dorfleitner und Hornuf 2016, S. 15; vgl. Drummer et al. 2016).

Die erste Gruppe umfasst alle Anbieter von Finanzdienstleistungen, die über eine Banklizenz verfügen und somit das gesamte Geschäftsmodell von Banken angreifen können. Grundsätzlich kann hier zwischen Direktbanken und FinTechs unterschieden werden. Direktbanken gehören zur ersten Welle der Digitalisierung, die mit dem Telefonbanking begann und durch die Entstehung des Internets weiterentwickelt wurde (vgl. Siebertz und Drechsler 1998, S. 208). Abgesehen von der fehlenden Geschäftsstellenstruktur ähneln diese Banken den klassischen Kreditinstituten noch recht stark. FinTechs hingegen speisen sich aus bekannten, aber branchenfremden oder komplett neuen Anbietern. Diese lassen sich zum einen in digitale Vollbanken und zum anderen in Unternehmen aufteilen, deren Fokus zu großen Teilen auf dem Zahlungsverkehr und zunehmend auch auf einfach gestalteten Finanzprodukten liegt. Hierunter finden sich beispielsweise Unternehmen wie Google oder Facebook, deren Ziel es ist, die gesammelten Zahlungsverkehrsdaten dazu zu verwenden, die vorhandenen Bedürfnis- und Nutzerprofile ihrer Kunden weiter anzureichern.

Direktbanken ermöglichen es ihren Kunden die gesamte Vielfalt an Finanzdienstleistungen online nachzufragen. Durch das fehlende Geschäftsstellennetz und die insgesamt geringeren Personal- und Sachaufwendungen ist es diesen Instituten möglich ihre Produkte und Dienstleistungen zu teils deutlich niedrigeren Preisen als Regionalbanken anzubieten. Ein weiterer Vorteil vieler Direktbanken ist die ständige Erreichbarkeit, was für Kunden gleichbedeutend mit einer hohen Flexibilität ist.

Digitale Vollbanken können als Weiterentwicklung der Direktbanken gesehen werden. Diese sind noch konsequenter auf den Vertriebskanal des Internets ausgerichtet und fokussieren sich vorwiegend auf die Verhaltens- und Nutzungsmuster digitaler Nutzer. Durch ihre geringere Größe und Mitarbeiterzahl sind FinTechs und dementsprechend auch digitale Vollbanken einfach und schlank strukturiert. Dies hat zur Folge, dass neue Ideen sehr schnell ausprobiert und bei Erfolg auch flächendeckend umgesetzt werden können. Klassische Kreditinstitute hingegen können der Innovationsgeschwindigkeit digitaler Vollbanken nur mit großer Mühe und Zeitverzug folgen (vgl. Freese 2016, S. 27). Ein weiterer Grund für den Erfolg von Anbietern wie N26 ist, dass diese nicht durch eine Vielzahl hochkomplexer, historisch gewachsener Systeme gehemmt werden (vgl. Töfflinger und Brodnik 2016, S. 68).

N26 wurde im Jahr 2013 als Number26 gegründet und besitzt mittlerweile eine eigene Banklizenz. Das Unternehmen, das auf die Kontoführung mit dem Smartphone spezialisiert ist, betreut nach eigenen Angaben mehr als 2,5 Mio. Kunden und ist mit eines der bekanntesten FinTechs auf dem deutschen Markt (vgl. o. V. 2019aa).

Zuletzt ist noch die Gruppe der neuen Wettbewerber mit Banklizenz zu nennen, die vorwiegend aus branchenfremden Anbietern besteht. Wie bereits beschrieben, ist ein Ziel dieser Unternehmen das Sammeln von Daten, um diese im Hauptbetätigungsfeld zur besseren Segmentierung und dem passgenauen Angebot von Produkten nutzen zu können. Mithilfe ihrer Walled-Garden-Strategie ist ein weiteres Ziel die Ausdehnung der Wertschöpfungskette, um dadurch die Kundenbindung mittels Lock-in-Effekt weiter auszubauen (vgl. Dapp et al. 2013, S. 14).

Definition:
„**Walled Garden** steht für ein Geschäftsmodell, bei dem die Unternehmen über exklusive Vertriebsmodelle die Kontrolle über angebotene Software, Hardware und digitalen Content behalten möchten, die nur einem bestimmten Kundenkreis zugänglich sind. Für den Kunden bedeutet das vor allem: Bequemlichkeit, weil „alles aus einer Hand" angeboten wird, sowie Zeitersparnis, Sicherheit und einen beherrschbaren Grad an technologischer Komplexität. Die Unternehmen profitieren relativ stark von den Walled-Garden-Strategien, nicht zuletzt deshalb, weil sich innerhalb „eingezäunter Gärten" die Produkte und Dienste einfacher monetarisieren lassen" (Dapp 2014, S. 9).

Der **Lock-in-Effekt** beschreibt eine enge ökonomische Kundenbindung, die zumeist durch relativ hohe Wechselkosten verursacht ist (vgl. Meffert et al. 2010, S. 14).

Aus diesem Grund haben Unternehmen wie Google, Amazon, Facebook, Apple und eBay, mittlerweile eigene Zahlungsverkehrsangebote entwickelt (vgl. Barsch 2016, 183 ff.). Das wohl bekannteste Unternehmen dieser Gruppe ist PayPal, das im Jahr 2002 von eBay für 1,5 Mrd. US$ erworben wurde und beispielsweise im Jahr 2018 weltweit knapp 9,9 Mrd. Transaktionen abgewickelt hat (vgl. Schertler 2012; vgl. o. V. 2019c). Weitere Unternehmen in der hier aufgeführten Gruppe sind beispielsweise Kreditkartengesellschaften wie Mastercard oder Telekommunikationsgesellschaften, wie die Deutsche Telekom (vgl. Dapp et al. 2013, 15 f.).

Neben den unterschiedlichen Gruppen an Wettbewerbern mit Banklizenz gibt es auch etliche Wettbewerber ohne Banklizenz. Dieser Gruppe fokussieren sich in der Regel auf einzelne Bereiche der Wertschöpfungskette. Da diese Anbieter keine der in § 1 KWG genannten Tätigkeiten selbst durchführen dürfen, spezialisieren sich Wettbewerber ohne Banklizenz für gewöhnlich auf den Vertriebsprozess. Hierfür werden meist eigene Apps oder Beratungs-/Vermittlungsplattformen entwickelt. Das hat zur Folge, dass hierfür die Einbindung eines Kundenberaters nicht mehr zwingend notwendig ist. Den Schwerpunkt der in diesem Bereich angebotenen Produkte und Dienstleistungen bilden solche, die eine hohe Standardisierbarkeit aufweisen (vgl. Auge-Dickhut et al. 2015, S. 194). Beliebte Geschäftsbereiche für Anbieter ohne Banklizenz sind die Bereiche Zahlungsverkehr, virtuelle Zahlungsmittel, Crowdfunding, persönliches Finanzmanagement sowie das Brokerage (vgl. Auge-Dickhut et al. 2014, S. 27 ff.).

2.5 Umweltanalyse

Eine Umweltanalyse ist im Rahmen einer strategischen Entscheidung von Unternehmen ein erster wichtiger Schritt. Dadurch erhalten diese einen strukturierten Überblick über die unterschiedlichen Einflussfaktoren und deren Auswirkungen auf das Unternehmen (vgl. Wirtz 2003, S. 113). Hierfür wird eine kombinierte Analyse des Umfelds und der Branche vorgenommen.

Im ersten Schritt wird eine spezifische Wettbewerbsanalyse anhand der „Five Forces" nach Porter durchgeführt. Bei dieser Analyse werden die fünf wesentlichen branchenbeeinflussenden Kräfte untersucht. Diese sind die Bedrohung durch neue Anbieter, die Bedrohung durch Ersatzprodukte, die Verhandlungsstärke der Kunden und Lieferanten sowie die Wettbewerbsintensität in der Branche (vgl. Porter 2014, S. 25).

Zusätzlich zur Wettbewerbsanalyse erfolgt eine allgemeine Umfeldanalyse in Form einer „STEP-Analyse" (vgl. Durst und Durst 2016, S. 197). Hierbei stehen die Regulatorik, die Ökonomie, die Technologie und die gesellschaftlichen Entwicklungen im Fokus (vgl. Runia et al. 2015, 11 ff.).

Den Ordnungsrahmen der in den nachfolgenden Kapiteln näher ausgeführten Umweltanalyse stellen die auf den deutschen Bankenmarkt wirkenden Kräfte dar. Auf der einen Seite gibt es hier Umwelteinflüsse wie das anhaltende Niedrigzinsumfeld und die immer weiter steigenden regulatorischen Anforderungen, die insbesondere auf den Bankenmarkt wirken. Andererseits kristallisieren sich aber auch Einflussfaktoren wie die Digitalisierung und der immer weiter voranschreitende demografische Wandel heraus. All diese Entwicklungen wirken wie in Abb. 2.4 dargestellt über jeweils mindestens einen Marktteilnehmer auf wiederum mindestens eine der fünf Wettbewerbskräfte nach Porter. Vor dem Hintergrund dieser Wirkungszusammenhänge werden nachfolgend jeweils zu Beginn die einzelnen Entwicklungen auf dem Bankenmarkt und dann die jeweiligen Auswirkungen auf die Wettbewerbskräfte vorgestellt (vgl. Arts 2016, 8 ff.) (Tab. 2.1).

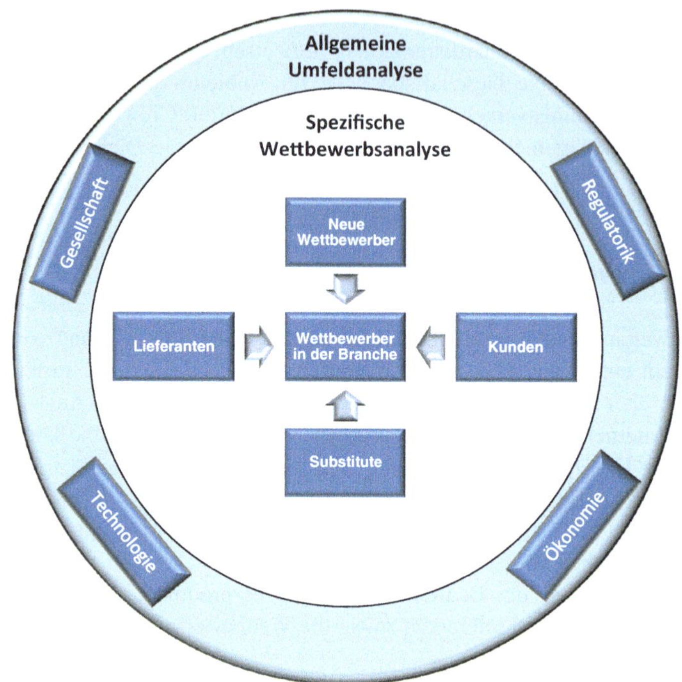

Abb. 2.4 Struktureller Aufbau der Umweltanalyse. (Quelle: eigene Darstellung in Anlehnung an Porter 2014, S. 25; Bergmann und Bungert 2012, 253 ff.)

Tab. 2.1 Wesentliche Entwicklungen im Umfeld von Banken (Arts 2016)

Ebene	Ausprägung	Primäre Wirkung
Regulatorik	Regulierung/Aufsicht	Bankenmarkt
Ökonomie	Niedrigzinsphase	Bankenmarkt
Technologie	Digitalisierung	Global
Gesellschaft	Demografischer Wandel	Global

2.5.1 Regulatorische Entwicklungen

Die Finanzindustrie ist, wie wohl kaum ein anderer Industriezweig, von regulatorischen Anforderungen betroffen (vgl. Stegmüller 2016, S. 254). Viele dieser sind im Nachgang an die globale Finanzmarkt- und Bankenkrise von den verschiedensten nationalen und internationalen Aufsichtsbehörden entwickelt worden. Neben den deutschen Aufsichtsbehörden, bestehend aus der Deutschen Bundesbank und der Bundesanstalt für Finanzdienstleistungsaufsicht, sind es zunehmend auch europäische Behörden wie die EBA, die EIOPA oder die ESMA, die den Banken Vorschriften machen und die Einhaltung dieser auch überwachen. Die daraus folgende negative Ergebniswirkung resultiert, zum einen aus der Verringerung der Erträge und zum anderen aus den steigenden Kosten. Die hierfür anfallenden Mehrkosten resultieren aus dem für die Umsetzung erforderlichen Humankapital, den unabdingbaren strukturellen Modifikationen in den Bereichen Organisation und Steuerung sowie den steigenden Liquiditätsanforderungen (vgl. Hackethal und Inderst 2015).

Die verschiedenen aufsichtsrechtlichen Vorgaben sind grundsätzlich von allen Banken, egal wie groß diese sind, in gleicher Form einzuhalten („Single Rulebook"-Ansatz). Das hat zur Folge, dass Regionalbanken und hier insbesondere kleinere Institute überproportional stark von den regulatorischen Vorgaben betroffen sind. In den vergangenen Jahren wurde daher immer häufiger seitens der Regionalbanken auf diesen Missstand hingewiesen, da es beispielsweise im Regelwerk von Basel II bereits regulatorische Anforderungen gab, bei denen proportionale Elemente enthalten waren (vgl. Arts 2016). Analysiert man Genossenschaftsbanken, deren Bilanzsumme kleiner als 50 Mio. EUR ist, dann fällt auf, dass es für diese Institute beispielsweise hoch defizitär ist, Wertpapiergeschäft mit Endkunden zu betreiben. Grund hierfür ist, dass die Einnahmen aus diesen Geschäften von den damit in direktem Zusammenhang stehenden regulatorischen Kosten um gut ein Drittel überstiegen werden (vgl. Hackethal und Inderst 2015).

Studien ergaben, dass im Durchschnitt jeden Tag 60 regulatorische Änderungen für Finanzdienstleistungsinstitute erlassen werden, die dann von den jeweiligen Banken und Sparkassen in der Praxis umzusetzen sind. Der daraus für die Finanzindustrie entstehende jährliche Gesamtaufwand liegt bei circa zwei Milliarden Euro direkt zurechenbaren Kosten und weiteren circa sieben Milliarden Euro indirekten Kosten aus der verbesserten Eigenkapital- und Liquiditätsausstattung. Für die Zeit bis 2025 wird durch alle Maßnahmen im Umfeld der Europäischen Bankenunion mit jährlichen Kosten von circa zehn Milliarden Euro gerechnet (vgl. Zillmann 2015). Das hat zur Folge, dass ein Großteil der Projektbudgets von Banken und Sparkassen durch neue regulatorische Vorgaben gebunden ist und dies auch in Zukunft so sein wird (vgl. Alt und Puschmann 2016, S. 26). Allein im Meldewesen wird der Aufwand je nach Bankgröße auf 51 bis 100 oder noch mehr Manntage pro Jahr geschätzt. Das hat zur Folge, dass mit sinkender Bankgröße der relative Anteil der Regulierungskosten gegenüber dem Rohertrag überproportional stark ins Gewicht fällt, was wiederum die Wettbewerbsfähigkeit dieser Banken negativ beeinflusst (vgl. Hackethal und Inderst 2015).

Zusammenfassend betrachtet stellt die Regulierung für die Finanzdienstleistungsindustrie auf der einen Seite einen großen Kostenblock dar. Andererseits ist der gesellschaftliche Nutzen eines stabilen Finanzsystems dem gegenüberzustellen (vgl. Arts 2016). Etwaige Erleichterungen werden vonseiten der Regulierungsbehörden als kritisch gesehen, da mittlerweile nicht nur der Term „too big to fail", sondern auch zunehmend der Term „too many to fail" an Bedeutung gewinnt. Dies liegt darin begründet, dass die Geschäftsmodelle von Regionalbanken sehr ähnlich sind und diese als Gesamtheit genauso, wie Großbanken eine systemrelevante Größe erreichen (vgl. Dombret 2016). Andere Stimmen insbesondere aus den Regionalbanken geben aber zu bedenken, dass gerade die starke Regulierung eine immer stärkere Angleichung der einzelnen Geschäftsmodelle fördert, wodurch institutsindividuelle Risiken zu sektoralen Risiken erwachsen können (vgl. Mehring 2015, S. 41).

2.5.2 Ökonomische Entwicklungen

Der wichtigste ökonomische Effekt, der im Moment auf die Banken und Sparkassen wirkt, ist die anhaltende Niedrigzinspolitik der EZB (vgl. Iser 2019). Auf kurze Sicht ist ein Ende, vor dem Hintergrund der sehr hohen Schuldenlast der europäischen Staaten sowie durch die Auswirkungen der Euro- und Staatsschuldenkrise, nur schwer vorstellbar. Die EZB selbst geht davon aus, dass die Inflationsrate im Euro-Raum auch in den kommenden Jahren mit den aktuellen geldpolitischen Maßnahmen unter dem Zielwert von zwei Prozent verbleiben wird (vgl. o. V. 2018v). Die aktuelle Inflationsrate liegt, laut Zahlen von Statista Stand Anfang 2019 bei etwa 1,5 % und damit deutlich unter der seitens der EZB angestrebten Zielgröße (vgl. o. V. 2019n). Nouriel Roubini, ein bekannter Volkswirt aus den USA, hat diese Vorgehensweise der EZB auf dem Weltwirtschaftsforum 2017 in Davos sehr treffend als „notwendiges Übel" beschrieben (vgl. Dombret 2017). Grund hierfür ist, dass niedrige bzw. sogar negative Zinsen seitens der Zentralbank zwar kurzfristig auf die Wirtschaft stimulierend wirken, langfristig ist es aber ähnlich wie bei einer Droge. Der eingeschlagene Weg kann nur sehr schwer wieder verlassen werden. Das macht es notwendig die Zinsen langsam, aber so schnell wie möglich wieder auf ein moderates Niveau anzuheben (vgl. o. V. 2016f).

Insbesondere für Banken, aber auch für jeden einzelnen Kunden hat diese Politik der EZB auf Dauer stark negative Folgen. Privatkunden sind dadurch beispielsweise bei der privaten Altersvorsorge oder auch durch die negative Realverzinsung in erheblichem Maße betroffen (vgl. Fohrer 2016, 63 f.). Dies gilt auch für Regionalbanken, deren Haupteinnahmequelle der Deckungsbeitrag aus Einlagen- und Kreditgeschäft ist und damit in den vergangenen Monaten und Jahren deutlich gesunken ist (vgl. Walter 2016, 32 f.). In Zahlen bedeutet dies, dass knapp 80 % des Gesamtertrags vom zinstragenden Geschäft abhängig ist (vgl. Rederer 2016, S. 32). Da Banken für Einlagen, die sie bei ihren Zentralinstituten auf ihren Konten haben, sogar einen negativen Zins von 0,4 % bezahlen müssen, ist es im Firmenkundengeschäft bereits durchaus üblich, dass diesen Kunden auf Giro- und Tagesgeldkonten ab circa 100.000 EUR der negative Zins weitergegeben wird (vgl. Siedenbiedel 2017a). Aktuell haben bereits erste Banken auch für Privatkunden eine ähnliche Regelung eingeführt. Ein Beispiel hierfür ist die Raiffeisenbank Gmund eG, die bereits im Jahr 2016 diesen Schritt gegangen ist und damit laut eigenen Angaben ohne Kundenverluste nun ein Fünftel weniger Einlagen auf Giro- und Tagesgeldkonten hat (vgl. Siedenbiedel 2017b).

Abb. 2.5 beschreibt die Auswirkungen auf das Zinsergebnis von Banken durch eine flache und zudem sehr niedrige Zinsstruktur. Sowohl der Konditionsbeitrag als auch der Strukturbeitrag weisen auf einen Rückgang des Zinsüberschusses in beachtlichem Ausmaß hin.

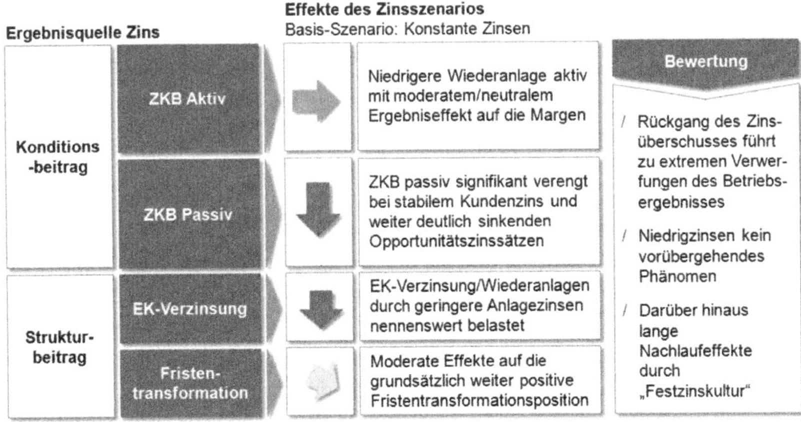

Abb. 2.5 Wirkungsanalyse der Niedrigzinsphase. (Quelle: Thiesmeyer 2015, S. 19)

Definition:

Konditionsbeitrag: „In absoluten Geldeinheiten ausgedrückte Differenz der zwischen Bank und Kunde vereinbarten Kondition und dem am Geld- und Kapitalmarkt gültigen Zins für Gelder gleicher Laufzeit. Als Bezugsbasis gilt in der Regel das durchschnittliche Volumen." (Weidmann und Saffenreuther 2017).

Strukturbeitrag: „Kapitalbindungs- bzw. -überlassungsprämie, die am Geld- und Kapitalmarkt für Einlagen bzw. Kredite bestimmter Fristigkeit im Vergleich zum Satz für täglich fälliges Geld gezahlt wird. Der Strukturbeitrag resultiert damit aus der durchgeführten Fristentransformation." (Holscher et al. 2017).

Hinzu kommt, dass selbst bei einer Erhöhung mit einem langen Nachlaufeffekt zu rechnen ist. Dies liegt daran, dass bei Banken beispielsweise immer mehr gut verzinste Eigenanlagen auslaufen und durch Anlagen auf Basis des aktuellen Zinsniveaus ersetzt werden müssen. Diese schlecht verzinsten Anlagen sind dann aber auch bei steigenden Zinsen noch in den Büchern der Banken, was für die schnelle Erholung der Ertragssituation hinderlich ist. Wie ein Makrostresstest der Zinsspanne bei kleinen und mittelgroßen Banken der Deutschen Bundesbank zeigt, wäre ein schnell steigender Zins für Banken sogar das mit Abstand schlechteste Szenario (vgl. o. V. 2014).

2.5.3 Technologische Entwicklungen

Im Bereich der technologischen Entwicklungen ist insbesondere der Themenkomplex der Digitalisierung von besonderer Bedeutung. Bevor eine genaue Untersuchung der aktuellen Situation und der künftigen Auswirkungen auf den Bankensektor vorgenommen werden kann, ist es unabdingbar den Begriff der Digitalisierung in seiner zweidimensionalen Bedeutung einzuführen:

- Der Begriff der Digitalisierung beschreibt in seiner ersten Bedeutung die technische Transformation. Hierbei liegt der Fokus auf der Umwandlung analoger Signale, wie Schrift in digitale und damit technisch nutzbare Signale. Im Kontext der Finanzindustrie ist hier beispielsweise die technische Erfassung papierhaft eingereichter Überweisungen zu nennen. Da die Finanzindustrie diesen Schritt bereits vor Jahren durchlaufen hat und die angebotenen Produkte fast ausschließlich dienstleistungsbasiert und damit nicht physisch sind, ist für Banken und Sparkassen eine Analog-Digitale-Wandlung nicht erforderlich.

- Die zweite Bedeutung von Digitalisierung ist die gesellschaftliche Transformation. Hierbei geht es um die Durchdringung aller Lebensbereiche mit Informationstechnologie. Trotz der Tatsache, dass auch diese Form der Digitalisierung auf Technik beruht, geht sie aber noch einen Schritt weiter. Für die vorliegende Untersuchung wird auf die in diesem Unterpunkt genannte Form der Digitalisierung aufgebaut (vgl. Matt et al. 2015, 340 ff.).

Wie Abb. 2.6 zeigt, gibt es für die anhaltende Digitalisierung der Gesellschaft und damit auch der Finanzindustrie vier maßgebliche Treiber, die jeweils durch verschiedene Entwicklungen beeinflusst werden. Der erste Treiber ist die technologische Entwicklung, die beispielsweise durch die rasante Erhöhung der Rechnerleistung und die Erhöhung der Bandbreite des Internets beeinflusst ist. Zu diesem eher technischen Treiber kommt die zunehmende Nutzung des Internets durch weite Teile der Gesellschaft (vgl. Henk und Holthaus 2015, S. 62). Hinzu kommt auch die inhaltliche Weiterentwicklung des Internets. In diesem Zusammenhang wird auch oft von „Prosumern" und Web 3.0 gesprochen.

Abb. 2.6 Bedeutung und Treiber der Digitalisierung in Deutschland. (Quelle: Thiesmeyer 2015, S. 20)

Prosumer: „Person, die gleichzeitig Konsument und Produzent ist. Entweder erstellt sie eigene Produkte durch Individualisierung vorhandener Produkte oder durch die freiwillige Preisgabe ihrer Präferenzen. Der „Prosumer" kann so Einfluss auf die Produkteigenschaften nehmen und wird in die Produktionstätigkeit des Produzenten einbezogen." (Markgraf 2017).

Der mit Abstand wichtigste Treiber setzt sich aus der weiter zunehmenden Durchdringung der Gesellschaft mit mobilen Endgeräten und der vermehrten Nutzung dieser auch für Bankgeschäfte zusammen (vgl. Thiesmeyer 2015, S. 20). Die Verbreitung von Smartphones und Wearables führt in Summe zu einer zunehmenden Vernetzung der Marktteilnehmer und zu einer jederzeitigen Verfügbarkeit von Informationen (vgl. Henk und Holthaus 2015, S. 62).

Eine Auswirkung durch die Digitalisierung auf die Wettbewerbskräfte stellt die zunehmende Bedrohung klassischer Banken und Sparkassen durch neue Wettbewerber wie FinTechs dar (vgl. Abschn. 2.4). Diese schaffen es zunehmend, durch die Nutzung mobiler Endgeräte und klassischer Desktop-PCs, auch ohne physischen Zugang zu den Kunden, ihre Leistungen auf dem Markt zu platzieren. Hierbei kommen ihnen ihre schlanke Kostenstruktur, eine agile Organisation und eine hohe Technikkompetenz, gepaart mit einer maximalen Ausrichtung ihres Geschäftsmodells auf den Kundennutzen, zugute (vgl. Arts 2016, 18 ff.).

Neben der zunehmenden Zahl an Wettbewerbern nimmt durch die Digitalisierung auch die Verhandlungsmacht der Bankkunden zu. Einen maßgeblichen Faktor stellt der mittels Internet vorhandene Zugang zu einer Vielzahl an Informationen und Angeboten dar. Dieser steht nahezu ohne Suchkosten zur Verfügung (vgl. Moormann 2009, S. 52). Unterstützt wird diese zunehmende Transparenz zum einen durch themenspezifische soziale Netzwerke und Foren, sowie durch die Verfügbarkeit von Vergleichsportalen (vgl. Dapp 2014). Insgesamt ist das Internet ein Medium, das es geschafft hat, die Informationsasymmetrien zwischen Anbietern und Kunden zu verringern (vgl. Chikova et al. 2014). Bedingt durch die zunehmende Transparenz steigen auch die Ansprüche der Kunden, da diese von ihrem Anbieter die gleiche Leistungsfähigkeit erwarten, wie sie dies von anderen Wettbewerbern oder sogar aus anderen Branchen kennen. Kann die eigene Bank diese Anforderungen nicht erfüllen oder werden diese einfach nicht erkannt, so besteht die Gefahr von Kundenabwanderungen. Gründe hierfür sind, wie bereits erwähnt, zum einen die hohe Transparenz auf dem Markt und zum anderen der hohe Wettbewerbsdruck (vgl. Arts 2016, 22 ff.). Die Kündigung von Finanzprodukten ist zudem weitgehend ohne nennenswerte Kosten möglich.

Teilweise sind Banken, wie beim Wechsel der Kontoverbindung, sogar gesetzlich verpflichtet, Kunden bei der Einrichtung einer neuen Bankverbindung zu unterstützen (für weiterführende Informationen vgl. o. V. 2016c; vgl. o. V. 2017b).

2.5.4 Gesellschaftliche Entwicklungen

Neben einigen noch recht jungen Entwicklungen, wie der steigenden Digitalisierung, der immer umfangreicher werdenden Regulierung oder auch des Niedrigzinsumfelds, stellt die Demografie eine seit langem beobachtbare Entwicklung dar. Es ist keine neue Erkenntnis, dass sich die deutsche Bevölkerung von aktuell knapp 82 Mio. Einwohnern bei wieder schwächer werdender Zuwanderung auf etwa 68 Mio. Einwohner im Jahr 2060 verringern wird. Selbst unter der Bedingung einer wieder stärker werdenden Zuwanderung geht das Statistische Bundesamt von maximal 73 Mio. Einwohnern im Jahr 2060 aus. Betrachtet man die einzelnen Altersgruppen, so zeichnet sich zusätzlich eine starke Alterung der deutschen Bevölkerung ab. Nach Zahlen des Statistischen Bundesamtes wird der Anteil der Deutschen, die das 65. Lebensjahr überschritten haben, zwischen 2019 und dem Jahr 2060 von circa 22 % auf circa 33 % steigen (vgl. o. V. 2019). Dieser starke Anstieg, um mehr als zehn Prozent, ist hauptsächlich drei Faktoren geschuldet: 1) der stark gestiegenen Lebenserwartung (vgl. o. V. 2019l). Im Durchschnitt steigt diese um zwei bis drei Monate pro Jahr, das ein Kind später geboren wird. 2) Neben der gestiegenen Lebenserwartung werden in Deutschland deutlich zu wenige Kinder geboren. 3) Die Anzahl der zu wenig geborenen Kinder kann auch durch die aktuellen Zuwanderungszahlen nicht kompensiert werden (vgl. Muthers 2014, S. 190).

Die im vorherigen Absatz ausgeführten gesellschaftlichen Veränderungen in Form des demografischen Wandels haben zum einen Auswirkungen auf die Verhandlungsmacht der Bankkunden und zum anderen auch auf die der Mitarbeiter. In Bezug auf die veränderte Verhandlungsmacht der Kunden in Folge der demografischen Entwicklung ist anzumerken, dass dem Rückgang an Kunden zwar eine Zunahme an Geschäft mit älteren Kunden entgegengesetzt werden kann. Es ist aber auch so, dass die Wechselbereitschaft der Kunden in Summe immer weiter zunimmt und dadurch eine erhöhte Abwanderungsgefahr bei Kunden von Regionalbanken besteht (vgl. Berlemann et al. 2014, S. 91).

Da es im Kontext von Banken kaum Lieferanten im engeren Sinne gibt, sind hier die Mitarbeiter der Bank als Lieferanten von Humankapital anzusehen. Es gibt zwar noch weitere Lieferantenbeziehungen, wie beispielsweise beim Outsourcing von Leistungen oder aber bei der Zulieferung von Informations- und

Kommunikationstechnologie (vgl. Moormann 2009, S. 67 f.). Abgesehen von der Gruppe der Mitarbeiter haben diese aber eine eher untergeordnete Verhandlungsmacht. Anders bei den Angestellten selbst, welche einen wesentlichen Erfolgsfaktor der Banken und Sparkassen darstellen und damit eine wesentliche Verhandlungsmacht besitzen (vgl. Richmann 2013, S. 11). Im Zuge des demografischen Wandels führen das steigende Alter der Angestellten, die rückläufigen Geburtenraten und nicht zuletzt die gesunkene Attraktivität von Banken und Sparkassen zu einem immer geringer werdenden Anteil an jungen Mitarbeitern (vgl. Schabel 2016, S. 19). Unternehmen werden es daher zunehmend schwerer haben ihre in den Ruhestand ausscheidenden Leistungsträger durch gut qualifizierte neue Mitarbeiter zu ersetzen (vgl. Schax 2008, S. 32). Dieser Umstand und die zunehmende Urbanisierung der Gesellschaft führen, insbesondere bei Regionalbanken in ländlichen Gegenden, zu großen Problemen bei der Besetzung von freien Stellen durch Fachkräfte und schränken damit deren Wachstum zusätzlich ein (vgl. Meuche 2012, S. 26).

Geschäftsmodell von Regionalbanken im Wandel

3

„In den nächsten zehn Jahren werden wir mehr Verwerfungen und Veränderungen in der Bankenwelt und der weltweiten Finanzbranche sehen, als das in den vergangenen 100 Jahren der Fall gewesen ist." (Bloching et al. 2015). Wie das Zitat von Brett King, CEO des US-Mobile-Banking-Anbieters Moven verdeutlicht, stehen die Bankenwelt und damit auch die Regionalbanken vor den tiefgreifendsten Veränderungen ihres Geschäftsmodells seit deren Gründung.

Kap. 3 baut auf den Analysen aus Kap. 2 auf und dient damit der Darstellung der daraus resultierenden veränderten Rahmenbedingungen, die auf das Geschäftsmodell von Regionalbanken wirken.

3.1 Kundenanforderungen

Im Zuge der Digitalisierung der Gesellschaft hat sich auch das Anforderungsprofil von Kunden gegenüber Regionalbanken verändert (vgl. Abschn. 2.5.3). Diese Anforderungen sind in Abb. 3.1 zusammenfassend dargestellt und werden nachfolgend genauer beschrieben (für den gesamten Abschn. 3.1 vgl. Thiesmeyer 2015, 21 ff.).

Der erste Veränderungsbaustein beschreibt die zunehmende Integration von mobilen Endgeräten in den Alltag der Menschen. Ein Grund hierfür ist die Möglichkeit, sonst unproduktive Zeit beispielsweise in öffentlichen Verkehrsmitteln auf dem Weg zur Arbeit zu nutzen und so mehr tatsächliche Freizeit zu haben. Beispielhaft sei an dieser Stelle eine Untersuchung der Lloyds Bank in England genannt. Diese hat herausgefunden, dass die meistgenutzte Geschäftsstelle die eigene App um 7:15 Uhr im Zug zur Arbeit der Kunden ist (vgl. Flott 2016, S. 32).

P. Pertl, *Regionalbanken zwischen Digitalisierung, Regulierung und Niedrigzinsumfeld*, Edition Bankmagazin,
https://doi.org/10.1007/978-3-658-26889-3_3

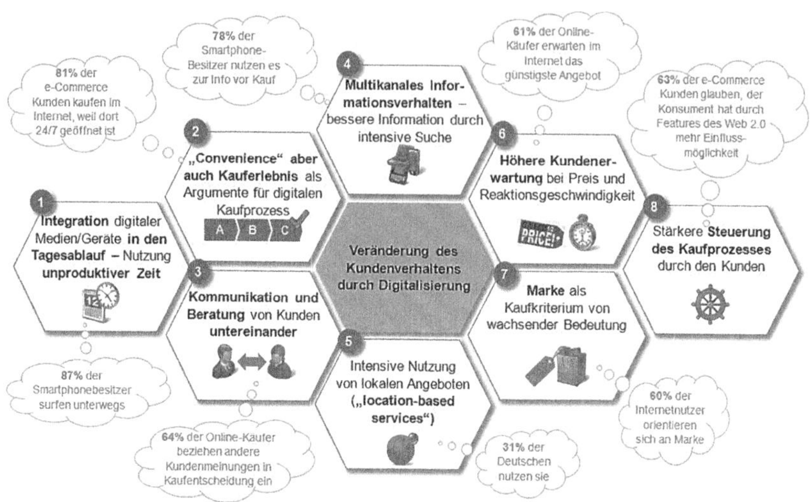

Abb. 3.1 Wesentliche Veränderungen des Kundenverhaltens. (Quelle: Thiesmeyer 2015, S. 21)

Neben der Nutzung unproduktiver Zeitfenster wird das Thema Convenience beim Einkaufen immer wichtiger. Studien zeigen, dass es den Kunden immer wichtiger geworden ist, dass sie beim Einkaufen unabhängig von Zeit und Ort agieren können. Dies zeigt sich beispielsweise auch daran, dass 81 % der E-Commerce Kunden das Internet für Einkäufe nutzen, da sie hier nicht an Öffnungszeiten gebunden sind.

Zudem hat sich auch das Verhältnis zwischen Berater und Kunde verändert. Kunden beziehen immer seltener den Bankberater als alleinigen Ratgeber bei Finanzangelegenheiten in die Entscheidung ein. Eine Studie zum Thema Finanzentscheider hat ergeben, dass mit 45 % am häufigsten der eigene Partner in diese Entscheidungen einbezogen wird. Selbst Familie und Freunde werden bei solchen Fragestellungen häufiger als der eigene Berater als Ratgeber genannt, sofern dieser überhaupt persönlich bekannt ist (vgl. o. V. 2016a).

Wie bereits ausführlich in Abschn. 2.5.3 beschrieben sind Kunden durch die Nutzung digitaler Kanäle auch immer besser informiert. Sogar Kunden, die sich selbst als Filialkunden beschreiben würden, informieren sich vor einer Beratung in der Filiale im Internet über die für sie relevanten Themenbereiche. Das hat zur Folge, dass die Anforderungen an die Berater damit deutlich zunehmen, da es sich bei diesen Kunden um Personen handelt, die von der persönlichen Beratung einen Mehrwert im Vergleich zum Internet erwarten. Mehrwert lässt sich grob in vier Kategorien unterteilen. Der erste „Value for Money“ beschreibt einen Gegenwert für Geld und der zweite „Value for Time“ einen Gegenwert für die durch den Kunden eingesetzte Zeit. Durch die zunehmende Digitalisierung sind noch die Bereiche „Value for Moment“ und „Value for Me“ dazu gekommen. „Value for Moment“ beschreibt, dass dem richtigen Kunden das richtige Angebot zur richtigen Zeit gemacht werden muss. Der Term „Value for Me“ charakterisiert die zunehmende Erwartung der Kunden, ein auf sie individuell zugeschnittenes Angebot zu erhalten (vgl. Lieberknecht 2016, S. 29).

Hinzu kommen ortsgebundene Services, gestiegene Preis- und Geschwindigkeitssensitivität sowie eine zunehmende Markenorientierung. Zusammenfassend beschäftigen sich diese Themenfelder damit, dass Kunden beispielsweise mit Hilfe von iBeacons bedarfsgerecht Informationen per Push-Nachricht auf ihr Smartphone erhalten (für weiterführende Informationen vgl. Oelling et al. 2015, 297 ff.). Ein Praxisbeispiel wäre eine Nachricht, wenn sich der Kunde auf dem Flughafen befindet. In dieser Nachricht weist die Bank dann darauf hin, dass der Kunde noch keine Auslandsreisekrankenversicherung hat und diese direkt in der eigenen App, für einen begrenzten Zeitraum, kostengünstig abgeschlossen werden kann (vgl. Brinkmann 2015, S. 295).

3.1.1 Bedürfnisse verstehen

Um die Bedürfnisse der Kunden strukturiert darzustellen, gibt es verschiedene Ansätze. Eine bekannte, aber nicht unumstrittene Form stellt die Bedürfnispyramide nach Maslow dar. Maslow folgend muss die Befriedigung der Bedürfnisse in hierarchischer Reihenfolge von unten nach oben erfolgen. Beginnend mit den Grundbedürfnissen müssen demnach die einzelnen Stufen nacheinander bis hin zur Selbstverwirklichung erfüllt werden (vgl. Lippold 2015, S. 16 ff.). Für die Zwecke dieser Untersuchung wurde diese Form als Grundlage verwendet und wie in Abb. 3.2 dargestellt auf die Finanzbedürfnisse von Bankkunden angepasst.

Klassische Bankdienstleistungen wie die reibungslose Abwicklung des Zahlungsverkehrs stellen die unterste Stufe der Bedürfnisbefriedigung dar. Auf der nachfolgenden Bedürfnisebene folgen ebenfalls elementare Bankdienstleistungen, wie die sichere Anlage finanzieller Mittel oder die Aufnahme eines Kredits, zum Beispiel zur Finanzierung eines Eigenheims. Diese auch als Hygienefaktoren zu bezeichnenden Produkte und Dienstleistungen werden bei den Kunden als notwendige Voraussetzung angesehen, um sich für einen Anbieter von Finanzdienstleistungen zu entscheiden.

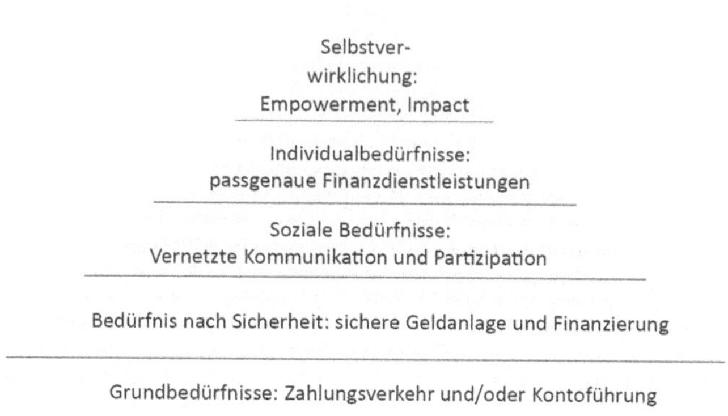

Selbstver-
wirklichung:
Empowerment, Impact

Individualbedürfnisse:
passgenaue Finanzdienstleistungen

Soziale Bedürfnisse:
Vernetzte Kommunikation und Partizipation

Bedürfnis nach Sicherheit: sichere Geldanlage und Finanzierung

Grundbedürfnisse: Zahlungsverkehr und/oder Kontoführung

Abb. 3.2 Finanzbedürfnispyramide. (Quelle: Auge-Dickhut et al. 2014, S. 138)

Hygienefaktoren:
sind nach einer Theorie von Herzberg Faktoren, die den Kunden nicht glücklich machen, wenn er diese bei einem Anbieter vorfindet. Diese machen ihn aber unglücklich, wenn er sie nicht vorfindet. Daher führen, diese zwar nicht dazu, dass ein Anbieter ausgewählt wird, aber dazu, dass ein Anbieter bewusst abgelehnt wird (vgl. Herzberg 1966, S. 72).

Vermehrt werden von Kunden aber auch bei Finanzprodukten Ansprüche aus den oberen drei Stufen der Bedürfnispyramide gestellt (vgl. Auge-Dickhut et al. 2015, S. 196).

Soziale Bedürfnisse auf Ebene drei setzen sich aus dem Wunsch und der Erwartung der Kunden nach einer vernetzten Kommunikation zur Bank und zunehmend auch aus Partizipation hinsichtlich der Gestaltung der nachgefragten Produkte zusammen. Eine Möglichkeit, diese Kundenerwartungen zu erfüllen oder erst einmal zu verstehen, kann durch die aktive Einbindung von Kunden in die Entwicklung von Produkten und Dienstleistungen erreicht werden (vgl. Auge-Dickhut et al. 2014, S. 138).

Wie bereits erwähnt, ist der Wunsch der Kunden nach individuellen und passgenauen Lösungen ein zentrales Bedürfnis, das sich auch in der Finanzbedürfnispyramide widerspiegelt. Das Erlebnis von Individualität kann beispielsweise durch eine individualisierbare Benutzeroberfläche oder aber die Möglichkeit, seine eigene Kreditkarte mit einem individuellen Design zu gestalten erlebbar gemacht werden (vgl. Auge-Dickhut et al. 2015, S. 197).

Auf Ebene der Selbstverwirklichung geht es um die Themenfelder Empowerment und Impact. Empowerment beschreibt das Bestreben des Kunden, seine Fähigkeiten und seine Unabhängigkeit zu verbessern und zur Anwendung zu bringen (vgl. Auge-Dickhut et al. 2014, S. 138). Die Fidor Bank beispielsweise bietet ihren Kunden bei Bedarf die Möglichkeit, sich online Finanzwissen anzulesen. Dieses Wissen kann dann innerhalb der bankeigenen Kundencommunity bei der Unterstützung anderer Kunden zur Anwendung gebracht werden (vgl. Kölsch 2015, 265 f.). Die Eigenschaft des Impacts beschreibt, dass bei der Auswahl von Finanzprodukten und Dienstleistungen der Wunsch des Kunden hinsichtlich der Auswirkungen auf die Umwelt zu berücksichtigen ist. Ein Beispiel hierfür ist, dass bei der Geldanlage auf die Auswahl von ethisch korrekten Anlagen geachtet wird (vgl. Auge-Dickhut et al. 2012, S. 12 ff.).

Wenn auch in Zukunft nicht jeder Kunde die letzte Stufe der Bedürfnispyramide anstrebt, so ist dennoch klar ersichtlich, dass ein Großteil der Kunden zumindest die Ebene der Individualbedürfnisse erreichen möchte (vgl. Auge-Dickhut et al. 2015, S. 197 f.).

3.1.2 Nutzertypen und Zugangswege

Für die Charakterisierung der Nutzertypen und damit der späteren Ausgestaltung einer dementsprechenden Omnikanal-Strategie ist es im ersten Schritt wichtig herauszufinden, wie Kunden mit ihrer Bank in Kontakt treten wollen und welche Leistung sie jeweils erwarten (vgl. Mihm und Frank 2016a, S. 45). Abb. 3.3 gibt hier einen guten Überblick, wie häufig die einzelnen Zugangswege zur Bank genutzt werden. Hierbei wurde eine Unterscheidung in die Kanäle ohne direkten Kontakt zu einem Mitarbeiter und in mitarbeiterzentrierte Kanäle vorgenommen.

Die ersten drei Kanäle Internet, Mobil und Geldautomat sind Selbstbedienungsinstrumente. Innerhalb dieser ist auffällig, dass der mobile Kanal von vergleichsweise vielen der 35.642 befragten Probanden nicht oder nur wenige Male im Jahr genutzt wird. Auf der anderen Seite gibt aber auch ein Drittel der Befragten an, diesen Kanal zumindest wöchentlich zu nutzen. Die Kanäle Internet und Geldautomat weisen ein ähnliches Nutzungsverhalten auf. Aus diesem geht hervor, dass die überwiegende Mehrheit der Befragten diese Kanäle regelmäßig nutzt (vgl. Dapp 2014). Die Gründe für die häufige Nutzung des Online-Bankings und des Geldausgabeautomaten sind insbesondere Schnelligkeit, Flexibilität und die Unabhängigkeit von Öffnungszeiten (vgl. Hellenkamp 2016, S. 387). Betrachtet man die Nutzungsintensität nach Kanälen und hier insbesondere die digitalen Kanäle, so fällt auf, dass es hier mit zunehmendem Alter eine geringere Nutzung, sowohl des

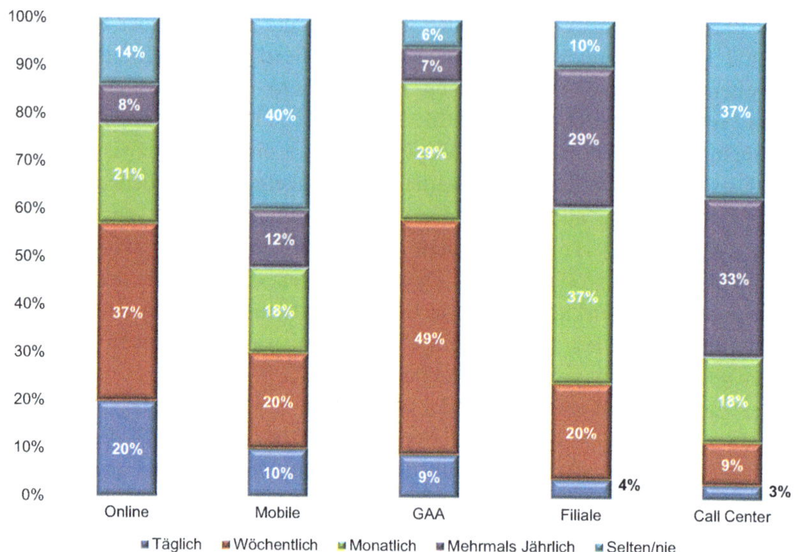

Abb. 3.3 Häufigkeit der Kanalnutzung. (Quelle: eigene Darstellung in Anlehnung an Dapp 2015, S. 19)

Internets im Allgemeinen wie auch des Mobile-Bankings im Besonderen gibt (vgl. Dapp 2014; vgl. Berg 2018). Auf der anderen Seite ist es aber auch so, dass bei einer Befragung mehr als die Hälfte der 18 bis 35-Jährigen angibt, nicht einmal zu wissen, wo die nächste Geschäftsstelle ihrer Hausbank zu finden ist (vgl. Hientzsch und Bocken 2016, S. 36).

Im Vergleich zu den digitalen Kanälen werden die Kanäle Filiale und Call Center seltener genutzt. Der Großteil der Nutzer und damit jeweils mehr als 75 % nutzt diese Zugangswege maximal einmal pro Monat. Knapp 40 % (Kanal Filiale) bzw. 70 % (Kanal Call Center) nutzen den jeweiligen mitarbeiterzentrierten Kanal lediglich einige Male im Jahr oder sogar nie (vgl. Dapp 2014).

Bezüglich der Nutzung der unterschiedlichen Zugangswege zur Bank gibt es je nach Nutzungssituation teils erhebliche Unterschiede. In Abb. 3.4 erfolgt eine Aufteilung der verschiedenen Kanalnutzungspräferenzen auf die Nutzungssituationen Banking (alltägliche Bankgeschäfte), Beratung und Service. Für alltägliche Bankgeschäfte wird demnach zu überwiegenden Teilen ein digitaler Zugangsweg bevorzugt. Knapp ein Drittel der Kunden bevorzugt hierfür jedoch immer noch eine

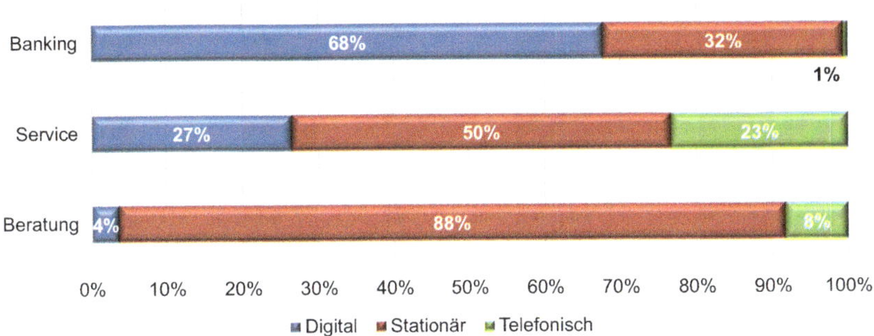

Abb. 3.4 Kundenpräferenzen bei Banking, Beratung und Service. (Quelle: eigene Darstellung in Anlehnung an Lipphardt und Mihm 2016, S. 15)

stationäre Lösung wie die Filiale oder SB-Geräte (vgl. Lipphardt und Mihm 2016, S. 14). Das Telefon spielt bei dieser Nutzungsart keine Rolle. Bei Beratungen zeigt das Ergebnis der hier vorliegenden Studie, bei der mehr als 2000 Bankkunden befragt wurden, dass knapp 90 % dieser Kunden hierfür einen stationären Kanal wie die Filiale bevorzugen. Für Serviceleistungen werden zwar noch zur Hälfte ebenfalls stationäre Zugangswege bevorzugt. Digitale Zugangswege und der Kontakt über das Telefon kommen aber ebenfalls auf etwa 50 %. Hieraus kann abgeleitet werden, dass Routineaufgaben wie, Banking und Service deutlich öfter ohne die Nutzung eines stationären Kanals abgewickelt werden, als dies bei der Beratung der Fall ist (vgl. Mihm und Frank 2016b, 35 ff.).

Betrachtet man dies, zusätzlich noch nach Produkten, so verfestigt sich dieses Bild weiter. Unabhängig vom Produkt erfolgen die Informationsbeschaffung, die Beratung und die Nutzung immer häufiger online. Der Abschluss dieser Produkte erfolgt aber teils mit deutlicher Mehrheit in der Filiale. Die Kanäle Telefon oder Post spielen zudem insgesamt nur eine untergeordnete Rolle. Es ist jedoch festzuhalten, dass es eine Differenzierung zwischen den verschiedenen Bankengruppen gibt. Insgesamt ist die Online-Quote bei Regionalbanken tendenziell niedriger als bei den anderen Universalbanken und hier insbesondere bei den Großbanken (vgl. Graupner et al. 2016, 37 f.).

Basierend auf den Erkenntnissen bezüglich des Kanalnutzungsverhaltens und den in Abb. 3.5 rechts dargestellten Preistypen, bestehend aus Preisentscheidern, Preissensiblen und Preisindifferenten, ist es möglich eine verhaltensbasierte Kundensegmentierung zu erstellen (vgl. Mihm und Frank 2016a, S. 44).

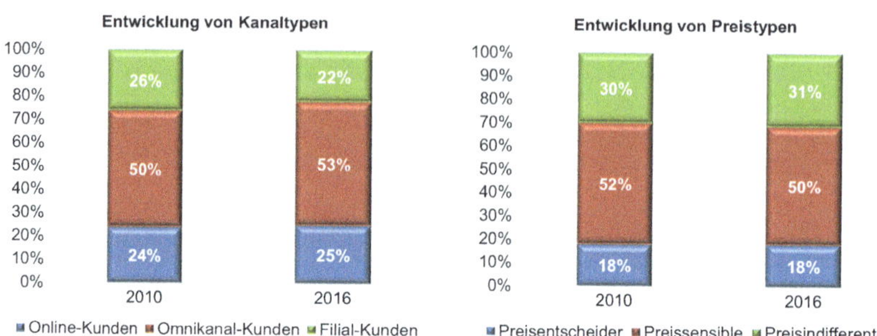

Abb. 3.5 Entwicklung von Kanal- und Preistypen. (Quelle: eigene Darstellung in Anlehnung an Mihm und Frank 2016a, S. 45)

Definition:

Preisentscheider kennen sich bei Finanzdienstleistungen gut aus. Sie entscheiden zum einen meist selbst und zum anderen vorwiegend nach dem Preis (vgl. Mihm et al. 2010, S. 23).

Preissensible Kunde lassen sich in der Mitte zwischen Preisentscheidern und Preisindifferenten verorten. Diese Kunden wollen zum einen bei Standardprodukten wie dem Girokonto den günstigsten Preis, aber dennoch die gute Betreuung durch die Bank vor Ort (vgl. Mihm et al. 2010, S. 23).

Preisindifferent sind Kunden, die sich in Finanzangelegenheiten nicht sicher fühlen und deshalb Beratung suchen. Diese Kunden bleiben in der Regel auch beim ersten Angebot und holen kein Gegenangebot von anderen Wettbewerbern ein. Obwohl diese Kunden immer betonen sich nach dem Preis zu entscheiden tun sie dies in Wirklichkeit meist doch nicht (vgl. Mihm et al. 2010, S. 23).

Diese Form der Segmentierung ist in Zeiten der Digitalisierung wesentlich bedarfsgerechter als die bisher vorherrschende Aufteilung der Kunden nach geografischen und soziografischen Kriterien wie Region, Alter, Einkommen und Vermögen (vgl. Swoboda 2004, S. 52). Durch die Kombination des Kanalnutzungsverhaltens und der Preistypen ergeben sich drei Kanaltypen. Das sind mit einem Anteil von einem Viertel die Online-Kunden, für die Geschäftsstellen und auch andere stationäre Zugangswege, wie SB-Geräte eine stark untergeordnete Rolle spielen. Dieser Nutzertyp nutzt über fast alle Phasen des Kaufprozesses hinweg nahezu ausschließlich den digitalen Kanal. Aber selbst diese Kunden nutzen die Filiale für den Abschluss von Produkten etwas häufiger, als den ihrem Typus entsprechenden online Kanal (vgl. Mihm und Frank 2016a, S. 44).

Die mit Abstand größte Gruppe stellen die Omnikanal-Kunden dar (vgl. Bergmann und Vater 2016). Typisch für diese Kunden ist, dass sie bis zum Vertragsabschluss mehr als einen Kanal nutzen (vgl. Pohl 2017, S. 35). Beratung und Abschluss hinsichtlich von Finanzprodukten nehmen diese Kunden in der Regel in der Filiale war. Für Information und Service nutzen Omnikanal-Kunden nahezu in gleichem Umfang sowohl die Filiale als auch das Internet. Hinsichtlich einfacher Bankgeschäfte verhalten sich diese Kunden wie Online-Kunden und nutzen vorwiegend das Internet (vgl. Mihm und Frank 2016a, S. 44).

Neben Online-Kunden und Omnikanal-Kunden gibt es noch die Gruppe der Filial-Kunden. Bei einem Vergleich zwischen dem Jahr 2010 und dem Jahr 2016 fällt auf, dass diese Gruppe als Einzige eine rückläufige Tendenz aufweist. Diese Kunden nutzen überwiegend die Filialen und SB-Geräte. Lediglich für die Informationsbeschaffung spielt das Internet teilweise eine Rolle (vgl. Mihm und Frank 2016a, S. 44).

3.1.3 Produkte und Dienstleistungen

In einer Zeit, in der mehr und mehr digital erfolgt, erwarten Kunden ein Maximum an Transparenz, um auch eigenständig Finanzentscheidungen treffen zu können. Ein Baustein stellt hier eine strukturierte bankenübergreifende Übersicht aller Produkte und Leistungen dar. Die Mehrheit der Kunden erwartet hier zudem eine echte Mehrkontenverfügbarkeit innerhalb einer Anwendung und nicht lediglich die Möglichkeit zentral den Kontostand und die Umsätze einsehen zu können. Zur Erhöhung der Transparenz trägt zudem die automatische Kategorisierung von Zahlungen auf dem Girokonto bei, wofür Kunden auch zu einer Verhaltensänderung hin zu mehr bargeldlosem Zahlungsverkehr bereit wären (vgl. Götzl 2016, 6 f.).

Neben der Erhöhung der Transparenz im Bereich des Zahlungsverkehrs ist den Kunden ebenfalls ein einfach aufzufindendes und transparent dargestelltes Produkt- und Serviceangebot überaus wichtig. Dies deckt sich auch mit dem Wunsch vieler Kunden, sich mittels Selbstberatungssoftware kanalunabhängig zu informieren, zu beraten und dann auch kaufen zu können (vgl. Jonietz et al. 2015, S. 98 f.). Wo früher vom „ROPO-Effekt" gesprochen wurde, muss heute eher vom „ROPA-Effekt" gesprochen werden.

Definition:
Der **„ROPO-Effekt"** (research online, purchase offline) beschreibt das Vorgehen von Kunden, die im Internet nach Angeboten suchen und dann in der Geschäftsstelle das jeweilige Produkt abschließen.

„ROPA-Effekt“ steht für research online, purchase anywhere. Das bedeutet, die Kunden suchen online nach Informationen und entscheiden dann situativ und abhängig vom jeweiligen Produkt, wo sie dieses abschließen möchten.

Das A bei „ROPA“ steht für anywhere und damit für alle Vertriebskanäle, wohingegen das zweite O bei „ROPO“ für offline und damit lediglich für den filialzentrierten Vertriebskanal steht. Momentan sind aber die meisten Banken und Sparkassen von einem entsprechender Umsetzung eines Omnikanal-Zielbilds noch weit entfernt (vgl. Götzl 2016, S. 8).
Das Kaufverhalten bzw. die Wahl des jeweils bevorzugten Kanals hat sich in den letzten Jahren in Europa und auch auf dem deutschen Markt deutlich verändert. Insgesamt hinkt Deutschland hier im internationalen Vergleich aber noch etwas hinterher, da beispielsweise in den Niederlanden bereits heute knapp 60 % der Produkte und Services online bzw. mobil abgeschlossen werden (vgl. Bergmann und Vater 2016). Einfache Produkte werden mittlerweile zunehmend auch in Deutschland online angeboten und auch abgeschlossen. Die Filiale spielt hier nur noch im Zusammenhang mit einem Omnikanal-Ansatz eine nennenswerte Rolle. Anders ist dies bei komplexen Produkten, wie der Baufinanzierung oder der Altersvorsorge. Hier liegt der Fokus auf einer Kombination der verschiedenen Kanäle (vgl. Reichmayr und Baur 2015, S. 64).

3.1.4 Sicherheit und Vertrauen

Die Themen Sicherheit und Vertrauen sind zentrale Erfolgsfaktoren für Banken, da diese von Kunden als Grundvoraussetzung für eine Geschäftsbeziehung angesehen werden. In den vergangenen Monaten und Jahren waren sowohl klassische Banken als auch FinTechs von Sicherheitslücken und IT-Problemen betroffen (vgl. o. V. 2018c). Im Juni 2016 hat beispielsweise eine Softwarepanne bei der Deutschen Bank dafür gesorgt, dass die Umsatzübersichten der Kunden falsche Werte angezeigt haben (vgl. o. V. 2016e). Das FinTech N26 wurde beispielsweise live am 27. Dezember 2016 auf dem 33. Chaos Communication Congress in Hamburg vom Sicherheitsexperten Vincent Haupert gehackt. Durch den Einsatz vermeintlich einfacher Hackertricks gelang es ein bei N26 geführtes Konto innerhalb kürzester Zeit komplett zu übernehmen. Haupert hatte beispielsweise sowohl die Möglichkeit Überweisungen auszuführen wie auch über einen Kreditrahmen in Höhe von 2000 EUR frei zu verfügen (vgl. Krempl 2016). Auffällig in diesem Zusammenhang ist, dass sich die Sicherheit gegenüber Hackerangriffen in den letzten Jahren nicht wesentlich verbessert hat. Der BaFin sind, laut

Aussagen von Felix Hufeld (Präsident der BaFin), seit dem Jahr 2017 etwa 420 Hackerangriffe bekannt geworden, die zu einem Drittel wohl als mittelschwer bis schwer einzustufen sind. Glücklicherweise sind bisher aber nur wenige davon auch erfolgreich gewesen und das, obwohl der Großteil wohl auf hausinterne Schwachstellen der jeweiligen Banken zurückzuführen war (vgl. Böhm 2018).

Ein aktueller Fall bezieht sich beispielsweise auf einen Kunden von N26, von dessen Konto 80.000 EUR entwendet wurden. Im Vergleich zu Filialbanken und auch den meisten Online-Banken gibt es bei N26 aber keine Telefonhotline mehr, was die Klärung dieses Falls über mehrere Wochen hinzog (vgl. Schlenk 2019). Laut Mitte April 2019 bekannt gewordenen Medienberichten wurden zudem etwa 400 Konten bei N26 mit durch Identitätsdiebstahl erbeuteten Identitäten angelegt und dann im Internet für betrügerische Ebay-Konten bzw. „Fakeshops" verwendet. Problematisch in diesem Zusammenhang ist weniger der Identitätsdiebstahl als solcher, denn dies hätte durchaus auch eine andere Bank betreffen können. Es ist vielmehr die unzureichende Überwachung verdächtiger Transaktionen, um den entstehenden Schaden möglichst gering zu halten (vgl. Busch et al. 2019).

Ein weiterer Aspekt neben der Datensicherheit ist der Datenschutz. Eine im Jahr 2016 veröffentlichte Umfrage des Bundesverbands deutscher Banken hat beispielsweise gezeigt, dass Kunden ihren Banken und Sparkassen hinsichtlich ihrer Daten mit Abstand mehr vertrauen, als sie dies bei Technologieunternehmen wie Google oder Facebook tun (vgl. Hessenmüller 2016, S. 42 f.). Ein Grund hierfür ist das insgesamt große aber geringer werdende Vertrauen in Banken (vgl. Krupp und Pick 2016, S. 68). Dieses haben sich Banken und Sparkassen in den vergangenen Jahren und Jahrzehnten aufgebaut (vgl. Trinkaus 2016). Hinzu kommt aber auch, dass beispielsweise Google und Facebook bereits mehrmals von deutschen Daten- und Verbraucherschützern bezüglich deren Vorgehensweise bei der Datennutzung und Datenweitergabe verklagt worden sind. Ein kürzlich aufgetretener Fall bezieht sich beispielsweise auf die unrechtmäßige Datenweitergabe von WhatsApp an Facebook (vgl. o. V. 2018g).

3.2 Betriebswirtschaftliche Situation

Vor dem Hintergrund der verschiedenen Einflussfaktoren, auf die Ertragslage und damit auch das Geschäftsmodell von Regionalbanken, gibt dieses Kapitel einen detaillierten Überblick über die bisherige betriebswirtschaftliche Entwicklung. Zudem werden die durch das aktuelle Niedrigzinsumfeld bedingten Einnahmerückgänge aus dem zinstragenden Geschäft mittels einer eigens für diese Untersuchung angefertigten Szenarioanalyse aufgezeigt.

3.2.1 Bisherige Situation

Die Darstellung der aktuellen und bisherigen betriebswirtschaftlichen Situation von Genossenschaftsbanken und Sparkassen erfolgt anhand von vier wesentlichen Kenngrößen. Um einen Vergleich mit anderen Bankengruppen zu ermöglichen, werden zudem zu jeder Auswertung die Werte der Kreditbanken hinzugefügt.

Die erste Kennzahl, die betrachtet wird, ist das Betriebsergebnis. Um einen sinnvollen Vergleich zwischen Genossenschaftsbanken, Sparkassen und Kreditbanken zu ermöglichen, wurden die jeweiligen Werte der vergangenen Jahre auf eine Bilanzsumme von einer Milliarde Euro normiert. Zur Berechnung der in Abb. 3.6 dargestellten Werte wurde das Betriebsergebnis nach Bewertung verwendet und durch die durchschnittliche Bilanzsumme der jeweiligen Bankengruppe geteilt.

Definition:
Betriebsergebnis nach Bewertung: „Zins- und Provisionsüberschuss abzüglich allgemeine Verwaltungsaufwendungen zuzüglich Nettoergebnis des Handelsbestandes aus Finanzgeschäften und Saldo der sonstigen betrieblichen Erträge und Aufwendungen zuzüglich Bewertungsergebnis (ohne Finanzanlagegeschäfte)." (o. V. 2019h).

Abb. 3.6 zeigt deutlich, dass sowohl Genossenschaftsbanken als auch Sparkassen seit 2008 durchgängig ein besseres Betriebsergebnis haben als Kreditbanken.

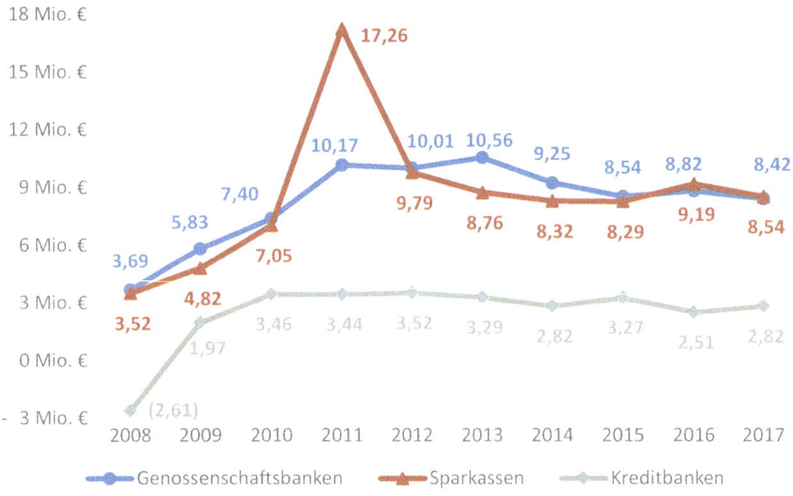

Abb. 3.6 Betriebsergebnis je eine Mrd. Euro Bilanzsumme nach Bankengruppen. (Quelle: eigene Darstellung und Berechnung nach Zahlen von o. V. 2019h)

Zudem war das Betriebsergebnis je einer Milliarde Euro Bilanzsumme bei Genossenschaftsbanken, abgesehen von den Jahren 2011, 2016 und 2017, immer besser als das der Sparkassen, die insbesondere im Jahr 2016 (auch im Vergleich zu den Genossenschaftsbanken) einen deutlichen Anstieg verzeichnen konnten. Diese positive Entwicklung ließ sich im darauffolgenden Jahr jedoch nicht bestätigt, was sich auch an dem Rückgang auf nahezu das Niveau der Genossenschaftsbanken festmachen lässt. Im Jahr 2011 gab es bei den Sparkassen durch die ergebniswirksame Auflösung von Vorsorgereserven nach § 340f HGB einen einmaligen Sondereffekt. Grund hierfür war, dass diese anders als Rücklagen im Fonds für allgemeine Bankrisiken (§ 340g HGB) nach neuem EU-Recht weder zum Eigenkapital noch zum Ergänzungskapital gezählt werden. Daher erfolgte zusätzlich zur normalen Bildung von Reserven nach § 340g HGB die Umwidmung der bisherigen Reserven nach § 340f HGB. Ohne diesen Sondereffekt wäre auch im Jahr 2011 das normierte Betriebsergebnis niedriger als das der Genossenschaftsbanken gewesen (vgl. Meybom 2012).

Die nächste Betrachtungsdimension stellt die Eigenkapitalrentabilität unter der Verwendung des Ertrags nach Steuern und damit des Jahresüberschusses dar. Diese Vorgehensweise ermöglicht es, die Kapitalverzinsung der Eigenkapitalgeber direkt darzustellen. Möglich wäre aber auch die Verwendung des Jahresüberschusses vor Steuer (vgl. Heesen und Gruber 2016, S. 206 ff.). Dies würde insbesondere im grenzüberschreitenden Vergleich mit unterschiedlichen Steuersätzen Sinn machen. Unabhängig davon, welche Ertragskomponente verwendet wird, erfolgt eine Division dieser durch das Eigenkapital des Unternehmens (vgl. Coenenberg et al. 2016, S. 1154 f.).

Für die Zwecke dieser auf den deutschen Markt fokussierten Untersuchung wird daher die Eigenkapitalrentabilität nach Steuern verwendet. Wie in Abb. 3.7 zu sehen ist, ergibt sich auch in Bezug auf das Eigenkapital ein ähnliches Bild, wie bei der normierten Betrachtung des Betriebsergebnisses. Bei einem Vergleich fällt aber auf, dass die Eigenkapitalrentabilität bei den Kreditbanken insbesondere während der Finanzmarktkrise einen merklichen Einbruch erlitten hat. War diese im Bilanzjahr 2007 noch bei mehr als 15 %, so lag sie ein Jahr später bereits bei einem deutlich negativen Wert von −15 %. Abgesehen von dem Sondereffekt der Sparkassen im Jahr 2011 lag die Schwankungsbreite der Eigenkapitalrentabilität der Regionalbanken in einem Korridor von zehn Prozent. Auch hier konnten die Genossenschaftsbanken, nach einer Bereinigung um den Sondereffekt des Jahres 2011, in jedem Jahr einen besseren Wert als die Sparkassen erreichen (vgl. o. V. 2019m).

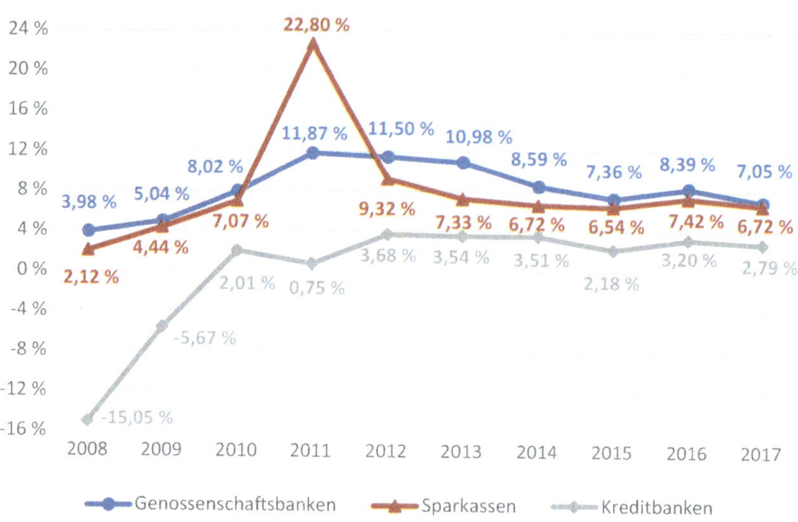

Abb. 3.7 Eigenkapitalrentabilität in Prozent nach Bankengruppen. (Quelle: eigene Darstellung nach Zahlen von o. V. 2019m)

Insgesamt ist aber festzustellen, dass nach Ende der Finanzmarktkrise und damit dem allmählichen Beginn der Niedrigzinspolitik der EZB bis ins Jahr 2012 ein merklicher Anstieg der Eigenkapitalrentabilität zu identifizieren ist. Dieser Effekt dreht sich aber sukzessive um und belastet zusehends die Ertragssituation der Regionalbanken. Deren Ertrag zu 75,3 % (Genossenschaftsbanken) bzw. 73,9 % (Sparkassen) vom Zinsgeschäft abhängig ist (vgl. o. V. 2018t).

Für die kommenden Jahre ist daher zu erwarten, dass sich dieser Wert noch einmal deutlich nach unten bewegen wird (vgl. Sinn und Schmundt 2016). Ziel muss es daher sein, die heute noch zu erwirtschaftenden Erträge zur Bildung von Rücklagen und zur Anpassung des Geschäftsmodells zu nutzen. Hierdurch gebildete Rücklagen können für Zeiten wirtschaftlichen Abschwungs bzw. eines weiter abnehmenden Zinsertrags zur zeitweisen Stabilisierung des Betriebsergebnisses verwendet werden (vgl. O'Neil 2016, 54 ff.). Diese Gefahren in Verbindung mit der zunehmenden Digitalisierung und dem in Abb. 3.8 dargestellten, nahezu konstanten Verwaltungsaufwand, könnten zu einem Ertragsrückgang um bis zu 30 % führen (vgl. Dümmler und Steinhoff 2015, S. 77). In letzter Konse-

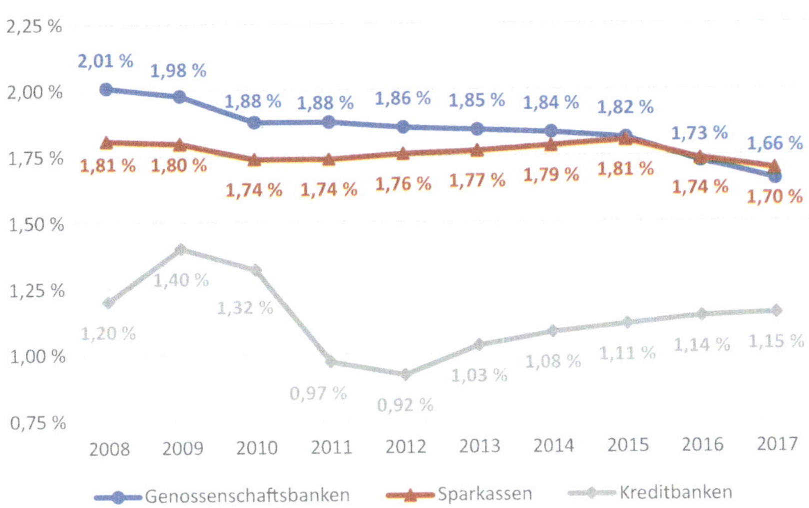

Abb. 3.8 Allgemeiner Verwaltungsaufwand in Prozent der durchschnittlichen Bilanzsumme nach Bankengruppen. (Quelle: eigene Darstellung nach Zahlen von o. V. 2015; o. V., 2018j)

quenz würde das ohne Gegenmaßnahmen, bei bis zu 75 % aller Banken zu einem negativen Betriebsergebnis führen (vgl. Frühauf 2016, S. 21).

Neben der Betrachtung der Ertragsseite wird im Rahmen dieser Untersuchung auch die Aufwandsseite in Gestalt der allgemeinen Verwaltungsaufwendungen untersucht. Diese sind zur besseren Vergleichbarkeit als Anteil an der durchschnittlichen Bilanzsumme dargestellt. Bereits auf den ersten Blick fällt auf, dass die Verwaltungsaufwendungen der Kreditbanken deutlich niedriger sind als die der Regionalbanken. Großteils ist dies durch die dezentrale und damit kleingliedrige Organisation der Regionalbanken begründet. Insgesamt ist es so, dass Sparkassen durch ihre größeren Einheiten in der Regel auch eine bessere Kennzahl als Genossenschaftsbanken hatten Im Laufe der vergangenen Jahre konnten diese aber insbesondere durch Fusionen ihre Aufwandsbasis in Summe senken und damit die strategische Lücke gegenüber den Sparkassen schließen. Bei Sparkassen hingegen war in der Zeit zwischen 2012 und 2015 wieder ein Anstieg des Aufwands auf das Niveau von 2008 zu beobachten. Mittlerweile ist der Verwaltungsaufwand der Sparkassen sogar höher als der der Genossenschaftsbanken (vgl. Sinn und Schmundt 2016). Die Spanne der Verwaltungsaufwendungen bei Sparkassen reicht beispielsweise von circa 1,2 % bis 2,9 % der durchschnittlichen Bilanzsumme (vgl. Thiesmeyer 2015, S. 27).

Der abschließende Blick auf die Zahlen der vergangenen Jahre geht auf die Aufwand-Ertrags-Relation (Cost-Income-Ratio). Dabei fällt auf, dass diese Werte bei Genossenschaftsbanken und Sparkassen nahezu parallel zueinander verlaufen. Auffällig ist aber, dass bis in das Jahr 2012 die Cost-Income-Ratio der Sparkassen mit einer Ausnahme leicht niedriger war, als die der Genossenschaftsbanken. Ab dem Jahr 2013 ist diese bei Genossenschaftsbanken durchgängig um ein bis mehr als zwei Prozent niedriger als die der Sparkassen, was sowohl auf die Ertragsseite wie auch auf die Aufwandsseite zurückzuführen ist. Insgesamt ist aber festzustellen, dass die Werte bis ins Jahr 2011 bzw. 2012 rückläufig waren und über alle Bankengruppen hinweg bis ins Jahr 2015 mehr oder weniger linear ansteigen. Ab dem Jahr 2016 ist ein Rückgang erkennbar, der aber seitens der Kreditbanken nur einmalig war (vgl. Sinn und Schmundt 2016) (Abb. 3.9).

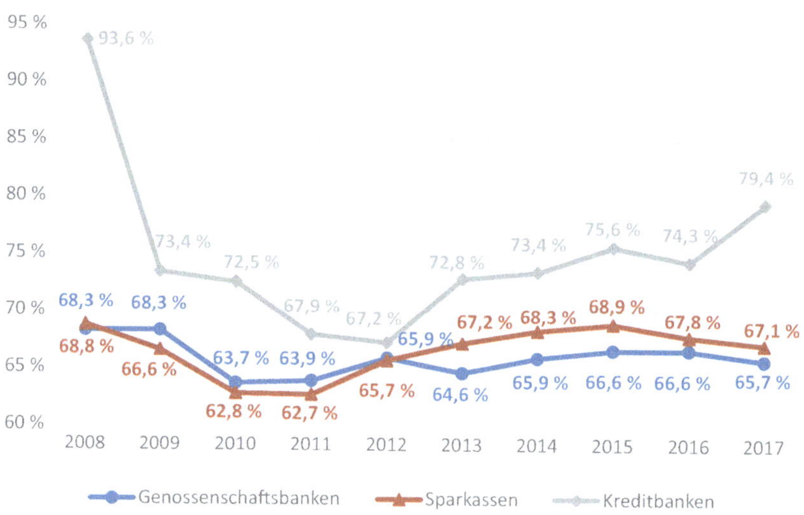

Abb. 3.9 Cost-Income-Ratio in Prozent nach Bankengruppen. (Quelle: eigene Darstellung nach Zahlen von o. V. 2019f)

3.2.2 Künftige Situation

Nachdem mit Abschn. 3.2.1 der Grundstein für die betriebswirtschaftliche Analyse gelegt wurde, ist das Ziel dieses Kapitels, mögliche Szenarien aufzuzeigen, wie sich die Aufwands- und Ertragslage der Regionalbanken in den kommenden Jahren verändern könnte.

Wie bereits im vergangenen Kapitel kurz erwähnt, werden die Gewinne aller Bankengruppen durch die Auswirkungen von Digitalisierung, Regulierung und Niedrigzinsumfeld in den kommenden Jahren deutlich belastet werden. Abb. 3.10 zeigt deutlich, dass alle Bankengruppen in unterschiedlichem Ausmaß betroffen sind. Aufgrund ihrer Größe und der Anzahl der verschiedenen regionalen Institute sind aber gerade Genossenschaftsbanken und Sparkassen besonders stark betroffen.

Da es für die Zukunft nicht das eine richtige Entwicklungsszenario gibt, wurde für die Zwecke dieser Untersuchung eine kombinierte Vorgehensweise aus Sensitivitätsanalyse und Szenarioanalyse verwendet. Im ersten Schritt erfolgt bei der Sensitivitätsanalyse die Ermittlung der kritischen veränderlichen Inputdaten. Dieser Schritt erfolgt bereits implizit bei der Erstellung der verschiedenen Szenarien und basiert auf dem Umfang der Ergebniswirkung der verschiedenen Einflussfaktoren (Zinsertrag; Zinsaufwand; Provisionsüberschuss; Handelsüberschuss; Personalkosten; Sachkosten; Bewertungsergebnis; Außerordentliches Ergebnis; sonstiger Erfolg).

Als Basis für die Erstellung der Szenarioanalyse diente das ROI-Kennzahlensystem nach Schierenbeck, das für die Zwecke dieser Untersuchung angepasst und mit den aktuellen durch die Deutsche Bundesbank zur Verfügung gestellten Bilanzzahlen gespeist wurde (für weiterführende Informationen vgl. Botsis et al. 2015, 67 ff.).

Alle als relevant eingestuften Variablen wurden in einem zweiten Schritt in Form von drei Szenarien, sowohl für Genossenschaftsbanken wie auch für Sparkassen durchgerechnet. Das erste Szenario (Best Case) spiegelt eine optimistische Entwicklung der Variablen wider. Im zweiten Szenario (Standard Case) wird im Vergleich zum ersten Szenario lediglich der Zinsüberschuss verändert. Abschließend wird im Worst Case Szenario, vor dem Hintergrund der in Abb. 3.10 dargestellten steigenden Kosten, sowohl der Personal- wie auch der Sachaufwand auf eine jährliche Steigerung von zwei Prozent hin angepasst.

Die auf Basis der in Tab. 3.1 dargestellten Szenarien und mit sonst unveränderten Parametern erstellten ROI-Kennzahlensysteme sind im Anhang dieser Untersuchung (Abb. A.1 bis A.6) komplett dargestellt. Abb. 3.11 gibt in Form der Cost-Income-Ratio einen komprimierten Überblick je Szenario und Bankengruppe im Zeitverlauf. Durch ihre bessere Ausgangssituation stehen Genossenschaftsbanken in allen aufgeführten Szenarien jeweils besser da als Sparkassen. Je nach Szenario

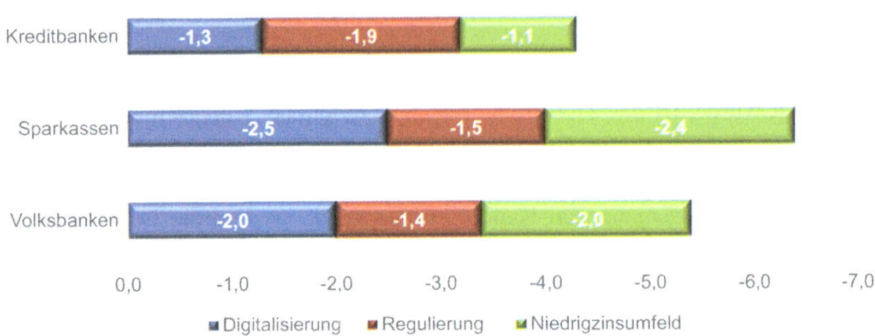

Abb. 3.10 Erwartete Gewinneinbußen deutscher Banken in Milliarden Euro pro Jahr. (Quelle: eigene Darstellung nach Zahlen von Frühauf 2016, S. 21)

Tab. 3.1 Veränderungen an Aufwand und Ertrag je Szenario. (Quelle: eigene Darstellung)

Szenario	Best Case (%)	Standard Case (%)	Worst Case (%)
Zinsüberschuss	0	−1	−1
Provisionsüberschuss	+1	+1	+1
Personalaufwendungen	+1	+1	+2
Sachaufwendungen	+1	+1	+2

führt dies zu einer Abweichung von teils mehr als 1,5 Prozentpunkten. Alles in allem zeigt Abb. 3.11 aber, dass keine der Bankengruppen allein durch den Anstieg des Provisionsüberschusses ihr aktuelles Niveau halten kann. Am wahrscheinlichsten sind ohnehin die Szenarien zwei oder drei, da selbst eine Stabilisierung des Zinsüberschusses als eher unwahrscheinlich anzusehen ist vgl. Köhler 2015, 30 ff.). Zudem ist in den nächsten Jahren, wie bereits beschrieben, durch immer umfangreichere Regulierungsmaßnahmen und die digitale Transformation eher mit weiterhin steigenden Kosten und damit mit Szenario drei (Worst Case) zu rechnen (vgl. Praeg und Schmidt 2016, S. 20).

3.3 Mitarbeiter und Führungskräfte

Mitarbeiter und Führungskräfte stellen das wichtigste Asset einer jeden Bank dar. In den vergangenen Jahren und damit auch insbesondere im Zusammenhang mit der Digitalisierung veränderten sich sowohl die Anforderungen an die Mitarbeiter

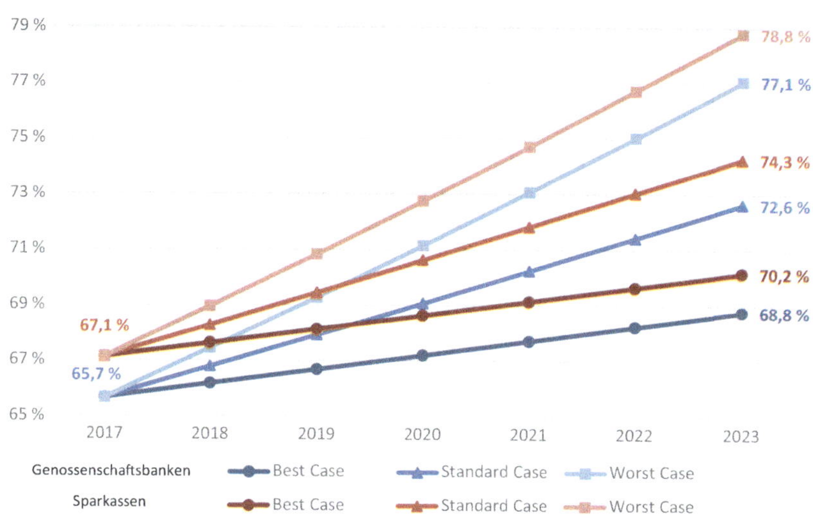

Abb. 3.11 Szenarioanalyse der Cost-Income-Ratio bei Regionalbanken. (Quelle: eigene Darstellung und Berechnung)

wie auch an deren Führungskräfte. Hierbei werden sich sowohl deren Rollen- als auch deren Qualifikationsprofile verändern. Die Zeiten des früheren „Bankbeamten" sind lange vorbei und dennoch ist dieser Typus Mitarbeiter, der den Kunden als eine Art „Bittsteller" ansieht, teilweise immer noch anzutreffen (vgl. Neumann 2014, S. 226).

Vor dem Hintergrund, dass es in Banken im Rahmen des digitalen Strukturwandels einige Mitarbeiter geben wird, deren Arbeitsplatz aller Voraussicht nach in den nächsten Jahren wegfällt, sollte das Hauptaugenmerk der Führungskräfte auf der Weiterbildung ihrer Mitarbeiter liegen (vgl. Brinkmann 2015, S. 288). Aktuelle Studien zeigen beispielsweise, dass sich jeder zweite Mitarbeiter einer Bank wegen unzureichendem digitalen Wissen schämt. Ein Großteil der Mitarbeiter hat zudem das Gefühl, dass sie seitens ihres Arbeitgebers nicht ausreichend auf neue Produkte und die meist digitalen Prozesse und Anforderungen vorbereitet werden. Dies führt als Konsequenz dann häufig seitens der Mitarbeiter zu einer vermeidbaren Abwehrhaltung allem Neuen gegenüber (vgl. Engel und Glaeser 2016, S. 70). Es hat sich im Rahmen einer Untersuchung gezeigt, dass diese Veränderungsbereitschaft gleichzeitig eine der größten Anforderungen von Führungskräften an ihre Mitarbeiter ist und zudem auch die Eigenschaft ist, die Führungskräfte bei ihren Mitarbeitern am meisten vermissen (vgl. Stiehler et al. 2016). Weitere als wichtig bzw. sehr wichtig eingestufte Anforderungen an den

Mitarbeiter der Zukunft sind die steigende Bedeutung von Soft Skills, eine hohe Flexibilität und Mobilität sowie eine gute fachliche Qualifikation, om, in Verbindung mit einer hohen Technikaffinität (vgl. Praeg und Schmidt 2016, S. 58). Gerade für Mitarbeiter mit direktem Kundenkontakt wird es immer wichtiger werden, dass diese sich mit den seitens der Bank angebotenen digitalen Lösungen auskennen und diese zudem selbst nutzen und erklären können (vgl. Gerth 2016, S. 74). Das gilt insbesondere vor dem Hintergrund von zusammen mittlerweile (je nach Zählweise) zwischen acht und zehn Millionen Nutzern der von Regionalbanken angebotenen Banking-Apps und einer Online-Quote von gut 60 % (vgl. Schäder 2016; vgl. o. V. 2016d). Mitarbeiter in marktfolgenden Abteilungen werden zudem, aller Voraussicht nach, durch die zunehmende digitale Abwicklung alltäglicher Aufgaben Freiräume für die vermehrte Bearbeitung komplexerer Aufgaben haben (vgl. Strand 2016, S. 78).

Andererseits werden auch an Führungskräfte in Zeiten wegbrechender starrer hierarchischer Strukturen neue Herausforderungen gestellt. Eine wichtige Veränderung wird es sein, sich nicht mehr nur als Vorgesetzten zu verstehen, sondern eher als Vorbild, das die Selbstverantwortung der Mitarbeiter fordert und selbst organisiertes Arbeiten und Lernen fördert (vgl. Praeg und Schmidt 2016, S. 59). Hierfür ist es erforderlich, Vertrauen in die Leistungsfähigkeit und -bereitschaft der eigenen Mitarbeiter zu haben und Verantwortung zu übergeben (vgl. Kring 2016, S. 31 f.). Um den eigenen Mitarbeitern (gerade in der Übergangsphase) eine gewisse Sicherheit zu geben und neue Ideen schnell vorantreiben zu können, ist es flankierend erforderlich, auch seitens der Unternehmensführung eine neue Fehlerkultur zu entwickeln und diese auch zu leben. Herzstück dieser sollte es sein, dass es nicht immer die 100-prozentige Lösung sein muss, wenn Kunden anfangs auch mit weniger zufrieden sind. Zudem sind diese auch zunehmend bereit, an der Weiterentwicklung vorhandener Angebote mitzuarbeiten. Hinsichtlich der digitalen Transformation müssen Führungskräfte als Vorbilder agieren und die Nutzung neuer Techniken und Medien vorleben. Nur so können diese gleiches auch authentisch von den eigenen Mitarbeiten einfordern (vgl. Heil 2016, S. 413 ff.).

Formate, die diese Entwicklung unterstützen und ein von Hierarchien losgelöstes Arbeiten ermöglichen, sind zum Beispiel Barcamps, Business Model Canvas, Design Thinking, Hackathons, Rapid Prototyping oder aber das Installieren von digitalen Lotsen (vgl. Marx 2016, B 10). Ein erstes Praxisbeispiel war der Anfang März 2016 mit großem Erfolg abgehaltene „GenoHackatthon“, der auf Initiative eines regelmäßig stattfindenden „GenoBarCamps“ stattgefunden hat (vgl. Heiß 2016, S. 16 ff.). Zudem wurde beispielsweise seitens der DZ Bank, also dem Dachinstitut der Genossenschaftsbanken, bereits im September 2016 in Frankfurt, am Stammsitz der Bank, ein zentrales „Innovation Lab" gegründet (vgl. Atzler 2016). Bei diesem Format arbeitet eine Gruppe von circa fünf Personen bestehend aus Bankmitarbeitern, wie auch externe Entwickler, innerhalb von drei Monaten mit Hilfe von Methoden wie Scrum und Lean Startup an der Entwicklung eines Prototyps (vgl. Becker 2016, S. 21).

3.4 Organisation und IT

Sowohl in den Bereichen der Organisation wie auch in den IT-Bereichen der Banken stellen die anhaltende Digitalisierung und die Regulierung mit die bedeutendsten Herausforderungen dar. In beiden Bereichen wird unter Digitalisierung zumeist noch lediglich die Automatisierung bestehender Abläufe verstanden (vgl. Praeg und Schmidt 2016, S. 52).

Neben der reinen Fokussierung auf die Automatisierung vorhandener Prozesse gibt es hinsichtlich der Organisationsstruktur eine Tendenz weg von klassischen Organisationsformen (zum Beispiel Linienorganisation) hin zu agilen Netzwerkorganisationen. Im Spannungsfeld zwischen Mitarbeitern und Organisation lassen sich vier grundsätzliche Organisationsphilosophien hinsichtlich Organisationsdesign (gesteuert bzw. selbstorganisiert) und Rolle der Mitarbeiter (Umsetzer bzw. Gestalter) unterscheiden (vgl. o. V. 2019d). Aktuell sind in Banken zum weit überwiegenden Anteil Organisationsformen zu sehen, die auf Weisung und Kontrolle basiert sind (vgl. Praeg und Schmidt 2016, S. 52). Die Aufgabe von Mitarbeitern in einem solchen System ist die möglichst effiziente Ausführung von Anweisungen. Eigenständiges konzeptionelles Denken ist hier nicht Aufgabe der Mitarbeiter. Künftiges Zielbild sollte aber die Entwicklung hin zu einer agilen Netzwerkstruktur sein. Diese Organisationsform ist geprägt von hierarchieübergreifenden Teams, die seitens des Managements ein hohes Vertrauen und damit auch Eigenverantwortung besitzen (vgl. o. V. 2019d). Der damit im Zusammenhang stehende Transformationsprozess wird aber aller Voraussicht nach noch einige Jahre in Anspruch nehmen. Das hat zur Folge, dass in der Übergangsphase, im ersten Schritt, Projekte in dieser Organisationsform durchgeführt werden und erst im Laufe der Zeit eine Veränderung der Gesamtorganisation folgen wird (vgl. Praeg und Schmidt 2016, S. 52).

Der zweite Bereich, der im Rahmen dieses Kapitels untersucht wird, ist die Bank-IT. Neben den Personalkosten stellt diese mit 15 bis 20 % den zweitgrößten Kostenblock einer Bank dar (vgl. Alt und Puschmann 2016, S. 41). Von diesen Kosten fließen aber lediglich knapp zehn Prozent in die Entwicklung neuer Angebote (vgl. Hach et al. 2016a, S. 37). Der Großteil des aufgewendeten IT-Budgets geht momentan noch in die Umsetzung regulatorischer Maßnahmen und die Pflege bestehender Systeme (vgl. Wolf 2016, B 6). Dies liegt einerseits an der hohen Anzahl regulatorischer Vorgaben, andererseits aber auch an den alten und hoch vernetzten Banksystemen. So verwundert es nicht, dass eine Umfrage unter Bankmitarbeitern ergeben hat, dass 85 % dieser, in der Regel für die Bearbeitung typischer Aufträge, mehr als drei unterschiedliche Systeme verwenden müssen. Das führt dazu, dass jeder fünfte Bankmitarbeiter die vorhandenen IT-Systeme eher als Last und nicht als Unterstützung empfindet. Bezüglich der digitalen Nutzung und damit der medienbruchfreien Verfügbarkeit von Informationen geben zwar mehr als die Hälfte aller Bankmitarbeiter an, dass die meisten relevanten Informationen digital als Scan zur Verfügung stehen. Geht es aber um die digitale Bearbeitbarkeit von Dokumenten, so geben etwa 60 % aller Bankmitarbeiter an, dass dies technisch noch nicht möglich ist (vgl. Neubacher 2016, S. 2).

Aus prozessualer Sicht heraus sollte aus mehreren Gründen eine komplette End-to-End-Digitalisierung angestrebt werden. Gründe hierfür sind beispielsweise die wesentlich geringere Fehleranfälligkeit, die schnellere Bearbeitungsgeschwindigkeit (teilweise sogar in Echtzeit), sowie die geringeren Kosten. Beispielsweise benötigt eine durchschnittliche Bank für eine Kreditentscheidung laut einer Untersuchung fünf bis sieben Bankarbeitstage, wohingegen eine Kreditentscheidung gleicher Qualität mit End-to-End Digitalisierung in circa 35 s getroffen werden kann (vgl. Hach et al. 2016b).

Gerade vor dem Hintergrund einer künftigen Omnikanal-Integration und einer problemlosen Integrierbarkeit externer Software in das Kernbanksystem ist der Ersatz des bestehenden Kernbank- und Controllingsystems meist alternativlos (vgl. Praeg und Schmidt 2016, S. 63). Hierfür ist mit einer Dauer von bis zu fünf Jahren und Kosten von etwa 170 Mio. EUR zu rechnen (vgl. Alt und Puschmann 2016, S. 41). Ohne diese Investition wird es zumeist bei einer „Scheindigitalisierung" bleiben. Kennzeichen dieser ist eine ausschließliche Optimierung am sichtbaren Front-End, ohne dabei die zeitintensiven Back-End-Prozesse anzupassen. Dies führt zu verhältnismäßig langen Prozesslaufzeiten, die sich nicht mit der Erwartungshaltung der Kunden decken und damit von diesen auch nicht akzeptiert werden (vgl. Bitzer 2016, S. 74).

4 Mögliche Reaktionen der Regionalbanken auf die veränderten Rahmenbedingungen

Kap. 4 dient der Darstellung unterschiedlicher Maßnahmen, die von den einzelnen Regionalbanken ergriffen werden können, um sich dem veränderten Umfeld anzupassen. Hierfür werden die Themenfelder Fusionen, Geschäftsstellenschließungen, Omnikanal-Strategie, Steigerung der Provisions- und Stabilisierung der Konditionsbeiträge, sowie die Reduzierung des Aufwands im Detail beleuchtet.

4.1 Fusionen

Im Laufe der vergangenen Jahre ist insbesondere bei Genossenschaftsbanken eine starke Fusionsdynamik zu erkennen. Waren es bis in die 1950er Jahre noch vorwiegend notleidende Banken, die eine Fusion anstrebten, so wurde in den Jahren danach die Verschmelzung von Banken immer wieder auch als wichtige strategische Maßnahme angewendet. Die Abnahme der Anzahl an Regionalbanken erfolgte aber nicht immer linear, sondern immer wieder in Gestalt von Fusionswellen (vgl. Swoboda 1980, S. 532). Im Laufe der 1960er Jahre setzte die erste Fusionswelle ein, die im Jahr 1967 ihren Höhepunkt fand (vgl. Swoboda 1980, S. 540). Hauptgründe hierfür waren das Wegfallen der Zins- und Konditionsregulierung, die Aufhebung des Wettbewerbsabkommens sowie die veränderten Kundengewohnheiten und -forderungen (vgl. Massari 2007, S. 47). Hinzu kam im Jahr 1974 die Einführung des Vier-Augen-Prinzips, das insbesondere für kleine Regionalbanken in ländlichen Regionen kaum finanziell tragbar war (vgl. Stegmüller et al. 2015). Im Zeitfenster der 1970er Jahre zählten auch die veränderte Kundenstruktur sowie der zunehmende Automatisierungs- und Technisierungsgrad zu den Fusionstreibern (vgl. Ohlmeyer und Philipowski 1992, 7 f.).

P. Pertl, *Regionalbanken zwischen Digitalisierung, Regulierung und Niedrigzinsumfeld*, Edition Bankmagazin,
https://doi.org/10.1007/978-3-658-26889-3_4

Mit Beginn der 1990er Jahre haben sich die Gründe für Fusionen nochmals verändert. Die hauptsächlichen Treiber waren hier insbesondere die Nutzung von Synergieeffekten jeglicher Art sowie ab den 2000er Jahren auch der zunehmend wachsende administrative Aufwand (vgl. Stegmüller et al. 2015). Alles in allem hat dies vermehrt zu Banken mit vielen Filialen und Bilanzsummen von teils mehr als einer Milliarde Euro geführt (vgl. Löneke und Stegmüller 2013, S. 64).

Die Treiber für Fusionen wurden mit zunehmender Digitalisierung um die Entwicklungsbemühungen hin zu einer für die Zukunft gerüsteten Bank ergänzt (vgl. Stegmüller et al. 2015). Dabei geht es neben der Nutzung von Synergieeffekten auch darum, dass größere Einheiten Risiken besser abfedern und gesetzliche Auflagen einfacher erfüllen können. Hierbei gilt es aber auch die Gefahren sinkender Vertriebsstärke und zurückgehender Marktanteile kritisch zu beobachten (vgl. Löneke und Stegmüller 2013, S. 64).

In den vergangenen zehn Jahren hat sich die Zahl der Regionalbanken deutlich von 1640 auf 1300 verringert, was einem Rückgang um mehr als 20 % entspricht. Eine von der Unternehmensberatung compentus/ veröffentlichte Studie zur Entwicklung der Anzahl der Regionalbanken und hier insbesondere der Genossenschaftsbanken ergab, dass allein bei dieser Bankengruppe je nach Entwicklungsszenario mit einem Rückgang, um bis zu 51 Banken pro Jahr zu rechnen ist (vgl. Stegmüller et al. 2016). Betrachtet man die aktuellsten Zahlen aus dem Jahr 2018, so ist erkennbar, dass sich diese Prognose bestätigt. Stand Ende 2017 waren es in Deutschland lediglich noch etwa 910 Genossenschaftsbanken und 390 Sparkassen. Die regionale Verteilung der Banken und damit auch die Größe der Geschäftsgebiete und der Bilanzsummen sind höchst unterschiedlich (vgl. o. V. 2018r, vgl. o. V. 2018s). Prognosen zeigen, dass insbesondere Regionalbanken mit einer Bilanzsumme von unter 500 Mio. EUR in den kommenden Jahren von Fusionen betroffen sein werden (vgl. Stegmüller et al. 2016). Während es in den neuen Bundesländern sowohl bei Genossenschaftsbanken wie auch bei Sparkassen relativ große Flächenbanken gibt und hier die Anzahl an Banken beider Gruppen ähnlich hoch ist, unterscheiden sich sowohl die Anzahl wie auch die Verteilung in den übrigen Bundesländern deutlich. Sparkassen beispielsweise sind insbesondere in Nordrhein-Westfalen in einer relativ großen Anzahl anzutreffen, wohingegen es bei Genossenschaftsbanken insbesondere im Großraum Stuttgart viele teils sehr kleine Genossenschaftsbanken gibt (vgl. Abb. A.7) (Abb. 4.1).

Neben den Fusionstätigkeiten bei den Primärbanken ist in den vergangenen Jahren auch eine Konsolidierung auf Ebene der Zentralinstitute und Rechenzentren festzustellen. In diesem Zusammenhang hat sich beispielsweise der genossenschaftliche Sektor durch die mittlerweile vollzogenen Fusionen zwischen den

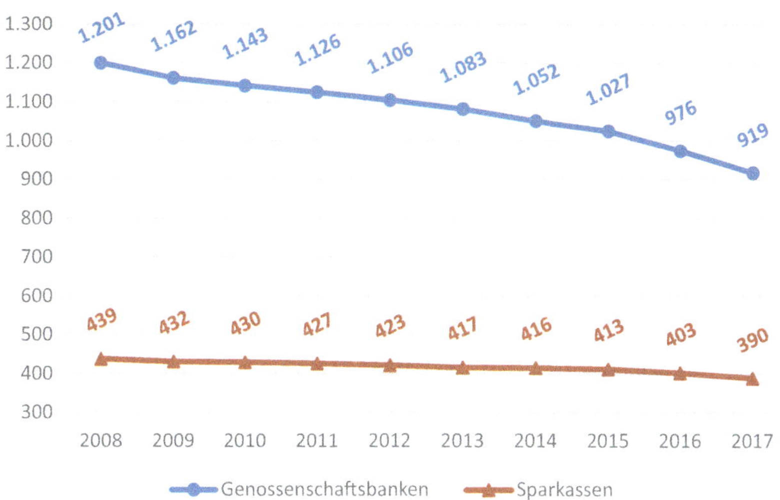

Abb. 4.1 Anzahl Regionalbanken 2008–2017. (Quelle: eigene Darstellung in Anlehnung an o. V. 2018u)

Dachorganisationen DZ Bank und WGZ Bank sowie der Rechenzentren Fiducia und GAD hervorgetan. Allein durch die Fusion der beiden Rechenzentren wird ab 2020 (geplanter Abschluss des Fusionsprozesses) mit einem Einsparungspotenzial von jährlich rund 125 Mio. EUR gerechnet (vgl. Bruns 2015, S. 26 ff.; vgl. Kirsch und Wolberg 2016, B3).

4.2 Geschäftsstellenschließungen

Die Entwicklung der Anzahl an Geschäftsstellen in Deutschland lässt sich in drei Phasen unterteilen. In der ersten Phase, die vom Ende des Zweiten Weltkriegs bis zum Ende der 1960er Jahre dauerte, fand über alle Bankengruppen hinweg ein deutlicher Ausbau des Geschäftsstellennetzes in Deutschland statt. Darauf folgte eine Phase der Intensivierung und damit weiter steigende Zahlen an Geschäftsstellen. Diese Phase reichte bis zum Ende der 1980er Jahre, wobei in den letzten Jahren dieses Jahrzehnts die Anzahl an Geschäftsstellen bereits begonnen hatte, leicht zurückzugehen. Die letzte Phase beschreibt den, abgesehen von Sondereffekten (Wiedervereinigung oder erstmalige statistische Erfassung der Postbank

Anfang der 2000er Jahre), stetigen Rückgang von Geschäftsstellen (vgl. Brock 2015, 30 ff.). Der Rückgang an Geschäftsstellen betraf sowohl Regionalbanken wie auch Kreditbanken in ähnlichem Ausmaß.

Wie aus Abb. 4.2 ersichtlich, ist die Anzahl der von Sparkassen betriebenen Geschäftsstellen insbesondere in den Jahren bis 2014 auch im Vergleich zu Genossenschaftsbanken deutlich stärker zurückgegangen, wodurch sich deren Werte immer weiter angenähert haben (vgl. o. V. 2018u). Insbesondere im Jahr 2016 wurden jedoch wieder deutlich mehr Filialen bei Genossenschaftsbanken als bei Sparkassen geschlossen (vgl. o. V. 2018b). Die rückläufige Zahl an Geschäftsstellen hatte auf der einen Seite betriebswirtschaftliche Gründe und ist auf der anderen Seite auch in dem stark veränderten Filialnutzungsverhalten der Kunden begründet (vgl. Fohrer 2016, S. 66).

Deutschlandweit gibt es neben der in Abb. A.7 dargestellten ungleichen Verteilung der Regionalbanken ebenfalls eine uneinheitliche Verteilung der Bankstellen und damit auch der Bankstellendichte. Gerade Regionen in Ostdeutschland und im Ruhrgebiet sind mit einer Bankstellendichte von teils deutlich weniger als 2,9 Bankstellen je 10.000 Einwohnern von Regionen zu unterscheiden, die teils Werte von deutlich über 4,7 aufweisen. Zu Regionen mit einer aktuell noch sehr hohen Bankstellendichte zählen sowohl weite Teile von Bayern wie auch von Baden-Württemberg (vgl. Bernhardt und Schwartz 2015).

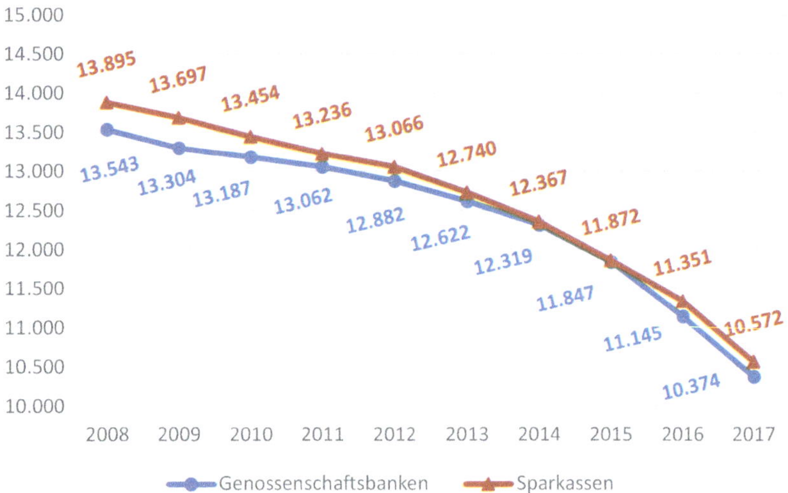

Abb. 4.2 Anzahl an Geschäftsstellen von Regionalbanken 2008–2017. (Quelle: eigene Darstellung in Anlehnung an o. V. 2018b; o. V. 2018u)

Ein ähnliches Bild zeigt sich bei der Analyse des Rückgangs der Bankstellen über zehn Jahre. In Deutschland gab es beispielsweise im Zeitraum von 2003 bis 2013 einerseits Regionen, in denen ein Rückgang an Bankstellen um teils mehr als 25 % stattgefunden hat und andererseits auch Regionen, in denen es sogar einen Ausbau des Bankstellennetzes gab (vgl. Bernhardt und Schwartz 2014).

Bezüglich der Anzahl an Bankstellen in der Zukunft gibt es verschiedene Schätzungen seitens von Unternehmensberatungen und Verbänden. Zusammenfassend kann von einer zunehmenden Geschwindigkeit bei der Schließung von Bankstellen ausgegangen werden. Während der Filialabbau im Zeitraum von 2005 bis 2015 noch bei 23 % lag, wird für den Zeitraum von 2015 bis 2025 mit einem Rückgang um 35 bis 40 % bei Regionalbanken und um knapp 60 % bei sonstigen Banken gerechnet. Dies hätte einen Rückgang auf 7000 Filialen von Genossenschaften und 8000 Filialen von Sparkassen und Landesbanken zur Folge (vgl. Mihm und Frank 2016b, S. 35). Andere Schätzungen gehen sogar noch von einem drastischeren Rückgang aus (vgl. Atzler et al. 2016, S. 3; vgl. Neuhaus 2016, S. 20).

Im Zusammenhang mit der abnehmenden Bankstellendichte muss den Kunden aber insbesondere vor dem Hintergrund des stark bankstellenzentrierten Ansatzes der Regionalbanken eine Alternative angeboten werden. Kunden erwarten von Regionalbanken eine größere Nähe wie von Großbanken oder Direktbanken, wobei die Nähe zur jeweiligen Hausbank mittlerweile nicht mehr nur durch die Distanz in Metern bis zur nächsten Geschäftsstelle gemessen wird. Nähe muss in diesem Zusammenhang auch in Form von relationaler Nähe gesehen werden, welche die Quantität und die Qualität der Kontakte zwischen Bank und Kunde misst (vgl. Jánszky 2016). Es gibt aber auch in Zukunft eine Nachfrage nach physischer Nähe und hier insbesondere der Nähe zum eigenen Berater. Diesem wird gerade bei der Beratung komplexer Produkte wie Baufinanzierungen auch weiterhin eine wichtige Rolle zukommen. Eine seiner wichtigsten Aufgaben ist neben der fachlichen Beratung die Aufgabe den Kunden ein Gefühl von Sicherheit zu geben. Damit erfüllt der Berater aus Sicht der Kunden auch die Aufgabe als eine Art „Sündenbock" der für die eigenen (unter Umständen) falschen Entscheidungen verantwortlich gemacht werden kann (peace of mind) (vgl. Lindemann 2016, S. 58).

Neben der reinen Schließung von Geschäftsstellen und damit dem schleichenden Rückzug aus der Fläche beschreiten einige Regionalbanken hier alternative Wege. Ein möglicher Weg ist die Zusammenlegung von Filialen, um an einem zentralen Ort, der für die jeweiligen Kunden sehr gut erreichbar ist, eine neue Filiale zu eröffnen. Dies kann beispielsweise in einem gut frequentierten Einkaufszentrum oder aber an einem für Pendler relevanten Verkehrsknotenpunkt der Fall sein (vgl. Waschbusch et al. 2016, S. 30). Ein weiterer Ansatz ist die Nutzung einer vollausgestatteten mobilen Filiale, etwa in Gestalt eines umgebauten Wohnmobils (vgl. Leitner 2016, S. 54 f.). Dieses Konzept wird beispielsweise von der Volksbank Hohenlohe eG seit April 2016 verfolgt. Durch den Einsatz der mobilen Filiale kann die Bank ihre Präsenz in der Fläche trotz der Schließung von zwölf Kleinstfilialen aufrechterhalten und durch die Präsenz bei Großveranstaltungen zu einem gewissen Grad sogar noch ausbauen (vgl. Endres 2016, S. 28). Ein ähnlicher Ansatz, der aber lediglich der Bargeldversorgung in der Fläche dient, ist der Einsatz von mobilen Geldausgabeautomaten, die je nach Bedarf an hochfrequentierten Orten platziert werden können (vgl. Merker 2016, S. 53 ff.).

4.3 Entwicklung einer Omnikanal-Strategie

Die Entwicklung einer einheitlichen Omnikanal-Strategie ist ein wesentlicher Baustein, um die in den vorangegangenen Kapiteln erwähnten veränderten Kundenbedürfnisse und -anforderungen bedienen zu können. Das Kapitel ist in zwei Themenbereiche aufgeteilt. Beginnend mit einer grundsätzlichen Einführung in das Themenfeld der Omnikanal-Strategie, mit einer Abgrenzung der verschiedenen Kanal-Strategien und einer kurzen Darstellung einer Auswahl von Vertriebs- und Kommunikationskanälen. Nach dieser Einführung wird die Omnikanal-Strategie entlang des Kundeninteraktionspfades beschrieben.

4.3.1 Einführung in die Omnikanal-Strategie

Um die Besonderheiten der Omnikanal-Strategie eindeutig abgrenzen zu können, ist zu Beginn dieses Kapitels als Erstes eine Unterscheidung zwischen den einzelnen Kanalstrategien vorzunehmen. Wie in Abb. 4.3 grafisch veranschaulicht, lassen sich vier grundlegende Kanalstrategien voneinander abgrenzen. Die erste Form stellt die Einkanal-Strategie dar, bei der nur ein Vertriebs- und Kommunikationskanal angeboten wird. Den nächsten Entwicklungsschritt hin zu einem komplett vernetzten Omnikanal-Modell stellt das Angebot verschiedener untereinander nicht vernetzter Kanäle dar. Hierbei muss sich der Kunde bereits zu Beginn für einen der zur Verfügung stehenden Kanäle entscheiden. Ergänzt wird diese Strategie durch die Eigenschaften der Cross-Channel-Strategie. Diese erlaubt es den Kunden, die Kanäle im Laufe des Kundeninteraktionspfades zu wechseln (vgl. Kardys 2014). Die Besonderheit einer Omnikanal-Strategie liegt darin, dass der Kunde im Mittelpunkt steht und dieser situativ von überall aus und zu jeder Zeit den für sich

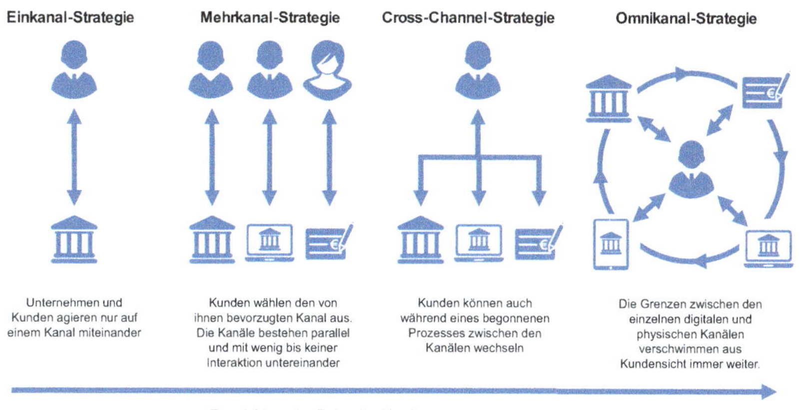

Abb. 4.3 Entwicklung von der Einkanal-Strategie hin zur Omnikanal-Strategie. (Quelle: eigene Darstellung in Anlehnung an Kardys 2014; Schönenstein 2017)

passenden Kanal wählen kann. Hierbei stehen kanalunabhängig alle relevanten Informationen zur Verfügung. Darüber hinaus liegt der Fokus auf dem möglichst medienbruchfreien Wechsel zwischen den Kanälen (vgl. Oberle 2015, 240 f.).

Der Wandel hin zum Omnikanal-Modell ist für Banken zwar sehr aufwendig, aber zwingend notwendig, um den Kunden kanalübergreifend ein Gefühl von Nähe geben zu können. Dies ist gerade in Zeiten abnehmender physischer Präsenz, in Form von Geschäftsstellen und Mitarbeitern, von besonderer Bedeutung. Bei der Transformation hin zu einer Omnikanal-Bank werden es aber nicht nur Filialbanken, sondern auch digitale Banken schwer haben, da diesen die notwendige lokale Infrastruktur in Gestalt von Beratungszentren fehlt (vgl. Jentsch 2016, S. 373).

Wie bereits in Abschn. 3.1.2 ausführlich dargestellt, gibt es seitens der Kunden verschiedene Kanaltypen. Unabhängig von der Unterscheidung dieser Kanaltypen ist im Zusammenhang mit dem Omnikanal-Modell zusätzlich noch eine Unterscheidung zwischen Vertriebskanälen und Zugangswegen vorzunehmen. Die verschiedenen Zugangswege werden im Omnikanal-Kontext in die drei Vertriebskanäle persönliches Banking, digital-persönliches Banking und digitales Banking aufgeteilt.

Definition:

„Ein **Vertriebskanal** ist der Weg, über den Produkte oder Dienstleistungen zum Kunden gelangen (Bring- oder Holgeschäfte) oder über den Kunden Dienstleistungen oder Services mit der Bank abwickeln.“ (Lehmann 2016, S. 24).

Unter dem Begriff **Zugangswege** werden alle möglichen Wege aufgelistet, mit deren Hilfe seitens des Kunden mit der Bank Kontakt aufgenommen werden kann.

Den ersten Kundentyp stellt der Filial-Kunde dar. Dieser nutzt für Beratungen ausschließlich das persönliche Banking und damit die mitarbeiterbedienten Zugangswege. Es ist aber auch durchaus möglich, dass diese Kunden die weitere Infrastruktur der Geschäftsstelle für Serviceleistungen nutzen. Omnikanal-Kunden hingegen nutzen je nach Bedarf, sowohl für die Beratung wie auch für Serviceleistungen alle Vertriebskanäle und Zugangswege (vgl. Lehmann 2016, 24 f.). Wichtig für diese Kunden ist, dass sie sich barrierefrei zwischen den einzelnen Zugangswegen bewegen können ohne, dass dabei Informationen verloren gehen (vgl. Stalla 2015, S. 217). Neben den Filial-Kunden und den Omnikanal-Kunden gibt es noch die Gruppe der Online-Kunden. Diese Kunden verwenden sowohl den Vertriebskanal des digital-persönlichen Bankings als auch den des digitalen Bankings. Der Unterschied zwischen diesen beiden Kanaltypen liegt darin, dass beim digital-persönlichen Kanal eine technikgestützte Kommunikation zwischen Kunde und Mitarbeiter erfolgt, wohingegen beim digitalen Banking kein Mitarbeiter in die Kommunikation eingebunden ist (vgl. Lehmann 2016, 24 f.) (Abb. 4.4).

Abb. 4.4 Kundentypen, Vertriebskanäle und Zugangswege im Omnikanal-Modell. (Quelle: eigene Darstellung in Anlehnung an Lehmann 2016, S. 25)

4.3.2 Kundeninteraktionspfad

Der Kundeninteraktionspfad oder auch oft Customer Journey genannt, befasst sich mit den einzelnen Schritten, die ein Musterkunde bis zum Kauf eines Produkts und auch darüber hinaus in einer idealisierten Reihenfolge begeht (für Abschn. 4.3.2 vgl. Berhorst und Götze 2016, 54 ff.). Der Kundeninteraktionspfad beschreibt demnach alle Berührungspunkte, die ein Kunde mit seiner Bank hat (vgl. Flocke und Holland 2014, 214 ff.). Insgesamt lässt sich dieser in sechs Themenfelder unterteilen, wobei vier davon zum Kaufprozess im engeren Sinne und zwei zum darauffolgenden Nachbetreuungsprozess gehören. In Abb. 4.5 sind diese in aufsteigender chronologischer Reihenfolge dargestellt. Der gesamte Prozess setzt sich aus den Bereichen Aufmerksamkeit, Information, Beratung, Abschluss, Transaktion/Service sowie Betreuung/Empfehlung zusammen.

Aufmerksamkeit stellt den ersten Kontaktpunkt mit dem Kunden bzw. Interessenten dar. Kernbestandteil dieser Phase ist die zunehmend kundenindividuelle und personalisierte Ansprache über die vom Kunden genutzten Zugangswege. Hierbei bieten insbesondere digitale Zugangswege mittels verschiedener Instrumente des Online-Marketings die Möglichkeit einer effizienten, kostengünstigen und auf den Kunden zugeschnittenen Ansprache (für weiterführende Informationen vgl. Lammenett 2017, 27 ff.).

Wird ein Musterkunde auf seiner Customer Journey auf ein Angebot einer Bank aufmerksam, so ist diesem, über alle Vertriebskanäle hinweg, die Möglichkeit zu geben, sich zu informieren. Der Umfang und die Informationstiefe sind hier in sinnvoller Weise entsprechend dem jeweiligen Zugangsweg zu differenzieren. Diese Differenzierung nehmen die Kunden als hilfreich war. Beispielsweise

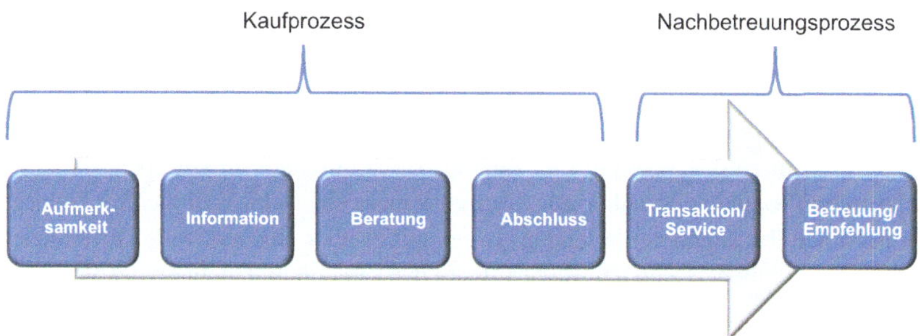

Abb. 4.5 Kundeninteraktionspfad. (Quelle: eigene Darstellung in Anlehnung an Berhorst und Götze 2016, S. 56)

werden den Kunden über das Smartphone weniger Detailinformationen als auf der Homepage geliefert. Dadurch erhalten diese einen schnelleren Überblick über ein Thema und werden nicht durch eine hohe Anzahl an Detailinformationen auf einem kleinen Display überflutet. Werden von Kunden mehr Informationen oder aber eine erste Modellrechnung nachgefragt, so können diese beispielsweise einen Beratungstermin vereinbaren oder aber die Homepage der Regionalbank nutzen. Neben der reinen Informationsbereitstellung ist es auch erforderlich, die Kunden zielgerichtet in den Beratungs- und Abschlussprozess zu überführen. Hierfür ist es unabdingbar, dass von Kunden bekundetes Interesse im ersten Schritt seitens der Bank auch erkannt wird. Darauf aufbauend ist es dann erforderlich, dass sich diese bei den Kunden auch aktiv meldet. Voraussetzung hierfür ist die gesetzlich vorgeschriebene vorherige Zustimmung der Kunden zur Kontaktaufnahme.

Der nächste Prozessschritt ist, sofern es sich um ein beratungsbedürftiges Produkt handelt, die Beratung. Diese ist grundsätzlich über alle Vertriebskanäle in entsprechend angepasster Form und in einer hohen Qualität anzubieten. Aktuell ist die Beratung noch stark auf den Vertriebskanal des persönlichen Bankings spezialisiert. Für ein künftiges Zielbild ist es jedoch erforderlich, dass die bereits vorhandenen technischen Möglichkeiten (zum Beispiel Videoberatung, Co-Browsing oder spezielle Onlineberatungstools) durch Regionalbanken auch in vollem Umfang angeboten werden. Dies wird dazu führen, dass sich die einzelnen Vertriebskanäle hinsichtlich ihrer Leistungsfähigkeit in den kommenden Jahren immer weiter annähern werden. Für komplexe Beratungsthemen, die wegen ihrer Vielschichtigkeit nur schwer komplett durch Onlineberatungstools abgedeckt werden können, werden aber mit großer Wahrscheinlichkeit die Vertriebskanäle persönliches Banking und digital-persönliches Banking auch in Zukunft eine größere Leistungsfähigkeit aufweisen.

Nach der Beratung folgt in der Regel der Kauf eines Produkts oder einer Dienstleistung und damit der Abschluss. Aktuell haben Kunden noch nicht über alle Vertriebskanäle und damit auch deren zugeordnete Zugangswege die Möglichkeit einen Abschluss zu tätigen. Bei einem möglichen Zielbild ist zwischen der Abschlussmöglichkeit über alle Vertriebskanäle und dem Abschluss über alle Zugangswege zu differenzieren. In Zukunft ist es durchaus anzustreben, dass alle relevanten Produkte auch über alle Vertriebskanäle abgeschlossen werden können. Hinsichtlich der angebotenen Zugangswege gilt es aber eine sinnvolle Differenzierung vorzunehmen, die an den Bedürfnissen der Kunden und nicht an der aktuellen technischen Leistungsfähigkeit der jeweiligen Bank orientiert sein sollte.

Für alle dem Kaufprozess nachgelagerten Transaktions- und Serviceleistungen gilt, dass der Kunde seine Serviceanliegen gegenüber der Bank über einen frei von ihm zu wählenden Zugangsweg vorbringen können sollte. Dabei ist auf die

Verzahnung der einzelnen Zugangswege zu achten, um dem Kunden auch bei einem etwaigen Kanalwechsel die mehrfache Nennung seines Anliegens zu ersparen. Hinzu kommt aber auch, dass dadurch bei paralleler Nutzung verschiedener Zugangswege nicht mehrere Mitarbeiter gleichzeitig eingebunden sind.

Der letzte Prozessschritt auf dem Kundeninteraktionspfad ist der Themenbereich Betreuung/Empfehlung. Die Betreuung stellt im sogenannten After-Sales-Prozess einen entscheidenden Abschnitt auf dem Weg zu einer möglichen Weiterempfehlung bzw. eines erneuten Kaufs dar. Wichtig ist daher, über die von Kunden präferierten Zugangswege präsent zu sein und den Kunden in regelmäßigen Abständen zu kontaktieren (vgl. Pufahl 2015, S. 108 ff.). Dies muss nicht, wie bisher üblich, ausschließlich durch eine persönliche Kontaktaufnahme des Beraters sein, sondern kann durchaus auch auf digitalem Wege erfolgen. Kunden können dadurch kostengünstig, bedarfsgerecht und schnell über neue Angebote informiert werden und erfahren so eine gewisse „digitale Nähe“. Das wiederum erhöht seitens der Kunden die Markenwahrnehmung der Bank (vgl. Gellrich et al. 2015, S. 310). Diese zusätzliche digitale Kontaktaufnahme wird insbesondere von Omnikanal-Kunden als positiv wahrgenommen. Im Durchschnitt führt dies dann zu einem um zwölf Prozent höheren „Net Promoter Score“ (vgl. Bergmann und Vater 2016).

Definition:
Der **„Net Promoter Score“** misst die aktive Weiterempfehlungsbereitschaft von Kunden. Dabei gibt er Auskunft darüber mit welcher Wahrscheinlichkeit eine Kunde ein Produkt oder ein Unternehmen weiterempfiehlt. Diese Kennzahl basiert zudem auf der Annahme, dass eine Weiterempfehlung nur durch zufriedene Kunden erfolgt (vgl. Kilian und Mirski 2016, 110 f.).

Bezüglich der Empfehlung spielen auch immer häufiger digitale Kanäle eine entscheidende Rolle. In diesem Zusammenhang wird auch oft von „electronic Word-of-Mouth (EWOM)“ gesprochen, was die digitale Mundpropaganda beschreibt (vgl. Lis und Korchmar 2013, 11 ff.).

4.4 Steigerung des Provisionsbeitrags

Vor dem Hintergrund immer weiter zurückgehender Zinserträge ist eine Maßnahme, die Regionalbanken aktuell zur Stabilisierung ihres Betriebsergebnisses ergreifen, der Ausbau des Provisionsbeitrags (vgl. o. V. 2018j). Diese strukturelle Verlagerung von Teilen des Betriebsergebnisses in Richtung des zinsunabhängigen Geschäfts führt auf Sicht zu einer größeren Unabhängigkeit von der Zinspolitik der EZB (vgl. Sinn und Schmundt 2016). Zudem ermöglicht der Ausbau des

Provisionsgeschäfts auch den Ausbau der Erträge, ohne dabei selbst Risiken eingehen zu müssen, die ggf. in Phasen wirtschaftlichen Abschwungs schlagend werden könnten (vgl. Köhler 2015, S. 32). Bei der Erzielung der Provisionseinnahmen kann grob in Einnahmen aus dem Zahlungsverkehr, dem Vermittlungsgeschäft, dem Wertpapiergeschäft und in sonstige Provisionen, wie zum Beispiel die Bereitstellungsprovision bei Krediten, unterschieden werden (vgl. Maurer 2016, S. 105 f.). Im Rahmen des Zahlungsverkehrs tritt die Bank als Dienstleister des Kunden auf und wickelt für diesen, gegen Entgelt, dessen Transaktion ab. Hinzu kommen beispielsweise Kartenentgelte und weitere im Zusammenhang mit dem Zahlungsverkehr stehende Einnahmen, die dann zusammen den mit Abstand größten Teil der Provisionseinnahmen ausmachen. Den zweitgrößten Block stellt das Vermittlungsgeschäft dar. Bei diesem tritt die Bank lediglich als Vermittler zwischen dem Kunden und dem jeweiligen Partnerunternehmen auf. Für diese Dienstleistungen erhält sie dann eine Provision. Neben dem Zahlungsverkehr und dem Vermittlungsgeschäft stellt das Wertpapiergeschäft mit knapp einem Fünftel aller Provisionseinnahmen den drittgrößten Bereich dar (vgl. Köhler 2015, S. 32).

Zur Steigerung der Provisionseinnahmen gibt es verschiedene Ansatzpunkte. Im Folgenden werden daher zwei der wichtigsten Maßnahmen vorgestellt, die Banken aktuell zum Ausbau ihres zinsunabhängigen Geschäfts nutzen oder sogar schon durchgeführt haben. Dies sind zum einen die Erhöhung der Kontoführungsentgelte und zum andern der Ausbau des Wertpapiergeschäfts (vgl. Boße 2015).

Der mit Abstand größte und auch in den Folgejahren ohne zusätzlichen Aufwand erzielbare Ertragshebel ist die Anhebung der Zahlungsverkehrsentgelte (vgl. Mihm 2017, S. 2). Gerade in diesem Bereich liegt das durchschnittliche Entgelt in Deutschland mit 89 EUR je Konto und Jahr, mehr als 20 EUR unter dem Durchschnitt in Europa und mehr als 150 EUR unter dem Wert in Italien (vgl. o. V. 2019v). Bei der Erhöhung der Preise ist aber mit Vorsicht vorzugehen, da es einige Kunden gibt bzw. bis vor Kurzem gab, die in den vergangenen Jahren sehr wenig oder sogar nichts bezahlt haben. Das führt dazu, dass selbst ein sehr niedriger Preis hier nur in Stufen angehoben werden kann. Dadurch haben die Kunden dann die Möglichkeit sich an das erhöhte Entgelt zu gewöhnen. Die Quersubventionierung muss daher Schritt für Schritt abgebaut werden (vgl. Köhler 2015, S. 32). Zudem ist es wichtig, dass die Kunden verstehen, dass die Abwicklung des Zahlungsverkehrs eine Dienstleistung der Bank darstellt, die auch für diese je Konto mit Kosten zwischen 100 EUR und 300 EUR pro Jahr verbunden ist (vgl. Fohrer 2016, S. 64).

Eine zweite Möglichkeit, zur Steigerung des Provisionsertrags stellt das Wertpapiergeschäft dar. Dieses ist insbesondere in Zeiten niedriger Zinsen für Kapitalanleger nahezu alternativlos (vgl. Burgmaier 2015). Erfahrungen zeigen, dass je länger die Zinsen niedrig sind, desto mehr Kunden sind bereit Wertpapiere als Anlageinstrumente in Betracht zu ziehen. Dies bietet für Banken und Sparkassen die Möglichkeit durch die zunehmende Anzahl an Transaktionen und das steigende Handelsvolumen ihre eigenen Einnahmen zu erhöhen (vgl. Köhler 2015, S. 33).

Eine deutliche Ausweitung des Vermittlungsgeschäfts ist durch die merklich gesunkenen Einnahmen beispielsweise aus dem Bauspargeschäft als unrealistisch anzusehen. Hier gilt es das aktuelle Niveau durch die Ausweitung des Versicherungs- und Konsumkreditgeschäfts so gut wie möglich zu halten (vgl. o. V. 2019b; vgl. o. V. 2019z).

4.5 Stabilisierung des Konditionsbeitrags

Im Bereich des Konditionsbeitrags kann vor dem Hintergrund der aktuellen Niedrigzinspolitik der EZB nicht von einer Steigerung, sondern maximal von einer Stabilisierung als Ziel gesprochen werden. (vgl. Kohlleppel 2017, S. 126). Um dieses Ziel zu erreichen, gibt es zum einen Ansatzpunkte im Aktivgeschäft und zum anderen auch im Passivgeschäft.

Ein möglicher Ansatzpunkt im Kreditgeschäft (Aktivgeschäft) ist die Ausweitung des an Privatpersonen vergebenen Kreditvolumens, insbesondere für den Wohnungsbau. Dabei kommt den Banken die zunehmende Investition der Deutschen in Immobilien zugute (vgl. Schmale 2016b). Banken können durch die darin begründete Ausweitung des nachgefragten Kreditvolumens die rückläufigen Margen mehr als kompensieren und dadurch den eigenen Ertrag steigern (vgl. Boße 2015). Begrenzt wird das hierin begründete Potenzial aber durch das alle Regionalbanken einende Regionalprinzip, das ihnen auferlegt, Kredite nur im eigenen Geschäftsgebiet zu vergeben. Dies betrifft sowohl das Privatkundengeschäft als auch das Geschäft mit Firmenkunden (vgl. Mändle und Mändle 2017).

Neben dem Kreditgeschäft mit Privatkunden stellt das Geschäft mit Firmenkunden eine der tragenden Säulen des Konditionsbeitrags von Regionalbanken dar. Insbesondere im Geschäft mit gewerblichen Kunden ist aber auch der zunehmende Wettbewerb zu spüren, wodurch die Margen auch in diesem Bereich zunehmend unter Druck sind. Damit stehen der hohe Wettbewerbsdruck und das Regionalprinzip dem Ertragswachstum limitierend gegenüber (vgl. Mausbach 2016).

Aufseiten des Passivgeschäfts ist es gerade in Zeiten niedriger und sogar negativer Zinsen nahezu unmöglich selbst den aktuellen Zinsertrag zu halten. Immer mehr Banken greifen daher insbesondere bei Firmenkunden, mittlerweile aber auch vereinzelt bei Privatkunden, für größere Einlagen, auf das Instrument der Negativzinsen zurück. Damit verdienen die Banken zwar in der Regel kein Geld, sie müssen aber zumindest die ihnen in Rechnung gestellten Negativzinsen auf Sichteinlagen nicht allein tragen (vgl. Boße 2015). Für die Zukunft gilt es zudem, sich auch auf Zeiten wieder steigender Zinsen vorzubereiten, um nicht im Aktivgeschäft niedrig verzinste langlaufende Finanzierungen und auf der Passivseite nahezu ausschließlich kurzfristig verzinste Anlagen im Portfolio zu haben. Diese würden bei steigendem Zinsniveau ebenfalls höher verzinst werden und damit den Ertrag noch weiter belasten (vgl. Mussler 2017).

4.6 Reduzierung des Aufwands

Die Reduzierung der Aufwandspositionen stellt neben der Stabilisierung der Ertragsseite eine zentrale Stellgröße für Banken dar. Hierfür haben die Regionalbanken, wie aus Abb. 4.6 ersichtlich und in Abschn. 3.2.1 bereits ausführlich dargestellt, einiges getan. Vergleicht man beispielsweise die Anzahl an Beschäftigten, die zugleich den größten Teil der Verwaltungsaufwendungen ausmachen, so fällt insbesondere im Sparkassensektor ein deutlicher Personalabbau auf (vgl. Alt und Puschmann 2016, S. 41). Im Zeitraum von 2008 bis 2017 reduzierte sich die Anzahl der bei Sparkassen beschäftigten Mitarbeiter um gut

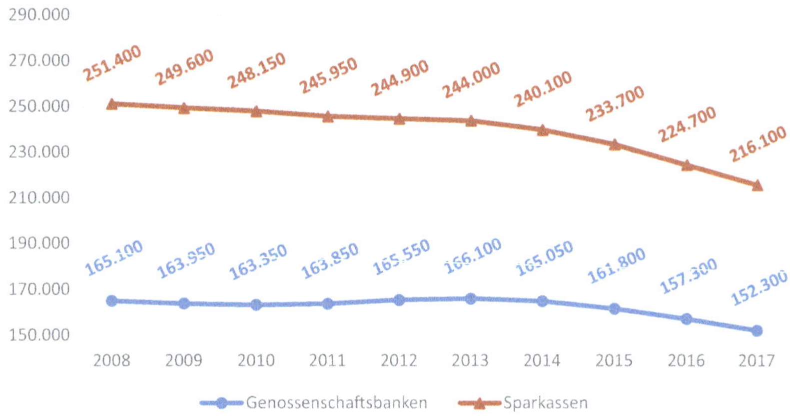

Abb. 4.6 Anzahl an Beschäftigten von Regionalbanken. (Quelle: eigene Darstellung in Anlehnung an o. V. 2019a)

14 Prozent und bei Genossenschaftsbanken um knapp acht Prozent. Dies gelang zum Großteil durch die Schließung von Geschäftsstellen und Fusionen (vgl. Abschn. 4.2).

Weitere Schritte zur Senkung des Aufwands stellen die Ausweitung der Automatisierung und der Digitalisierung dar. Operativ lässt sich dies insbesondere durch mehr End-to-End-Digitalisierung und Selbstbedienung erreichen. Hinzu kommen die Verschlankung komplexer organisatorischer Strukturen und damit die Auflösung unnötiger Gremien und Arbeitskreise, sowie die klare Regelung von Entscheidungskompetenzen und das Vermeiden von Doppelverantwortlichkeiten. Ergänzt wird dies durch die mögliche Reduktion der Wertschöpfungstiefe und die Senkung der Sachkosten. Der Bereich der Sachkosten bietet beispielsweise durch die Verlagerung marktfolgender Tätigkeiten, heraus aus der zentral gelegenen Hauptstelle, hinein in einen preisgünstigeren Bürokomplex in Stadtrandlage, ein gewisses Einsparpotenzial. Weitere Ansatzpunkte im Sachkostenmanagement sind die Aggregation von Lieferanten (ggf. auch bankübergreifend, durch die Bildung von Einkaufsgemeinschaften) sowie die Überprüfung von Rahmenverträgen (vgl. Sinn und Schmundt 2016).

Status quo bei Regionalbanken 5

Als Ergänzung zu den in Kap. 4 dargestellten möglichen Lösungsansätzen dient dieses Kapitel der Darstellung der aktuellen Ausgangssituation der Regionalbanken in den Themenfeldern Ertrag, Aufwand, Kommunikations- und Vertriebswege sowie im Bereich der Prozesse. Hierfür erfolgte in erster Linie eine Primärerhebung bei allen etwa 1300 Regionalbanken in Deutschland (vgl. Abschn. 2.2.1).

Die Datenerhebung wurde in Form einer eigens für diesen Zweck erstellten Online-Befragung durchgeführt (vgl. Abb. A.8). Diese Befragung wurde allen Regionalbanken per E-Mail, an die auf der Institutshomepage im Impressum auffindbare Kontaktadresse zugeschickt. Die Befragung erfolgte auf freiwilliger Basis. Durch Verwendung von Cookies wurde versucht zu verhindern, dass pro Rechner mehrfach an der Befragung teilgenommen wurde, wodurch das Ergebnis ggf. verfälscht hätte werden können. Insgesamt haben knapp 300 Personen die Homepage der Befragung besucht, wovon knapp 200 auch an der Befragung teilgenommen haben. Der Anteil der Teilnehmer, die den Fragebogen auch tatsächlich abgeschickt hat, liegt bei circa 66 %. Die Konstruktion der Befragung ermöglicht es aber auch die Fragebögen auszuwerten, die nicht abgeschickt und während der Befragung abgebrochen wurden.

5.1 Allgemeiner Teil

Eine Analyse der Teilnehmer hat ergeben, dass nach Bereinigung der Datensätze um Teilnehmer, die lediglich die ersten zwei Fragen zur Einordnung des eigenen Unternehmens beantwortet haben, 39 Sparkassen und 97 Volks- und Raiffeisenbanken teilgenommen haben. Bezogen auf die Anzahl an Banken aus den jeweiligen Segmenten ergibt das eine Rücklaufquote von etwa zehn Prozent. 31 Banken haben

P. Pertl, *Regionalbanken zwischen Digitalisierung, Regulierung und Niedrigzinsumfeld*, Edition Bankmagazin,
https://doi.org/10.1007/978-3-658-26889-3_5

auf die Anfrage zur Teilnahme an der Befragung mit einer Absage per E-Mail geantwortet. Auf das Angebot zur Bereitstellung der Ergebnisse im Nachgang dieser Untersuchung haben 20 Banken mit der Bitte um Zustellung der Ergebnisse reagiert. Aus diesen Anfragen war auch ersichtlich, dass die Fragen zumeist von Vorständen, Bereichsleitern oder Stabsstellen beantwortet wurden und damit der erforderliche Qualitätsanspruch sichergestellt werden kann.

Neben der Analyse der Bankengruppe erfolgte ebenfalls eine Abfrage der Bilanzsumme der teilnehmenden Bank. Nachstehende Abbildung gibt hier einen Überblick über die Verteilung der teilnehmenden Institute nach Bilanzsummenklassen (Abb. 5.1).

Auf die Frage, wie die Teilnehmer den Begriff Digitalisierung für sich und ihr Unternehmen definieren würden, haben knapp 80 % geantwortet, dass sie hierfür folgende vorgegebene Definition verwenden würden: „Digitalisierung im Banking bedeutet, Geschäfts- und IT-Prozesse mithilfe relevanter Daten und geeigneter IT-Systeme über alle Kundenkanäle hinweg zu unterstützen und zu automatisieren.“ (Zillmann 2015) Neben vereinzelten Nennungen der weiteren vorgegebenen Definitionen gab es auch neun Teilnehmer, die die Chance genutzt haben, eine eigene Definition zu erstellen. Alles in allem kennen gut 90 % der Befragten und damit knapp 120 Personen den Begriff FinTech. Die überwiegende Mehrheit konnte diesen Begriff zudem auch in eigenen Worten kurz definieren.

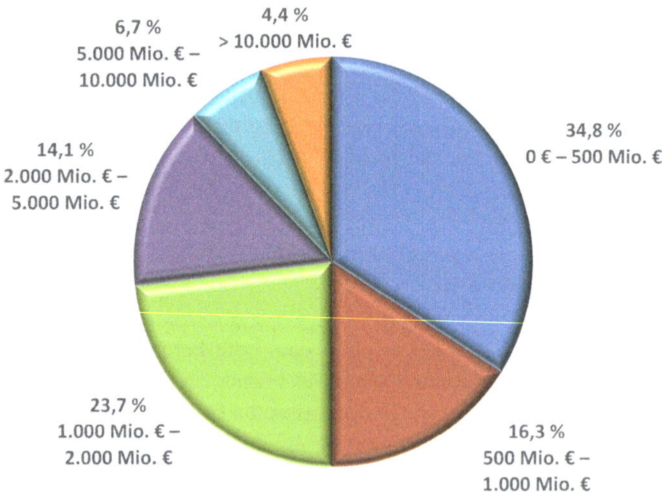

Abb. 5.1 Verteilung nach Bilanzsummenklassen. (Quelle: eigene Darstellung)

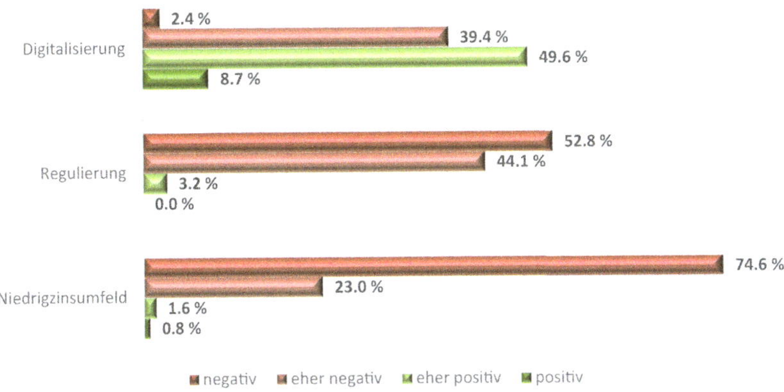

Abb. 5.2 Erwartete Auswirkungen von Digitalisierung, Regulierung und Niedrigzinsumfeld auf das Betriebsergebnis in fünf Jahren. (Quelle: eigene Darstellung)

Mit den Fragen fünf bis sieben wurden die Teilnehmer der Befragung gebeten auf einer Skala mit vier Auswahlmöglichkeiten die eigene Einschätzung bezüglich den Themen Digitalisierung, Regulierung und Niedrigzinsumfeld auf das Betriebsergebnis der eigenen Bank in fünf Jahren vorzunehmen. Abb. 5.2 gibt hierzu einen kurzen Überblick. Demnach sehen etwa 58 % aller Befragten, induziert durch die Digitalisierung, eher positive Auswirkungen auf das Betriebsergebnis ihres Instituts zukommen. Lediglich 2,4 % erwarten merklich negative Auswirkungen. Dies sieht sowohl bei der Regulierung wie auch beim Niedrigzinsumfeld deutlich anders aus. Durch die zunehmende Regulierung erwarten circa 44 % eher negative und mehr als 50 % sogar merklich negative Auswirkungen auf das Betriebsergebnis. Bei den Auswirkungen durch das Niedrigzinsumfeld verstärkt sich dieses Bild noch einmal. Hier sind es knapp drei Viertel alle Befragten, die merklich negative Auswirkungen für ihr eigenes Kreditinstitut erwarten.

5.2 Ertragssituation

Nachdem sich die Fragen eins bis sieben eher mit allgemeinen Fragestellungen befasst haben, stellt Frage acht dar, welche Maßnahmen zur Steigerung des Ertrags von Regionalbanken bereits durchgeführt wurden. Über alle Maßnahmen und Banken hinweg, lässt sich feststellen, dass im Durchschnitt die in Abb. 5.3

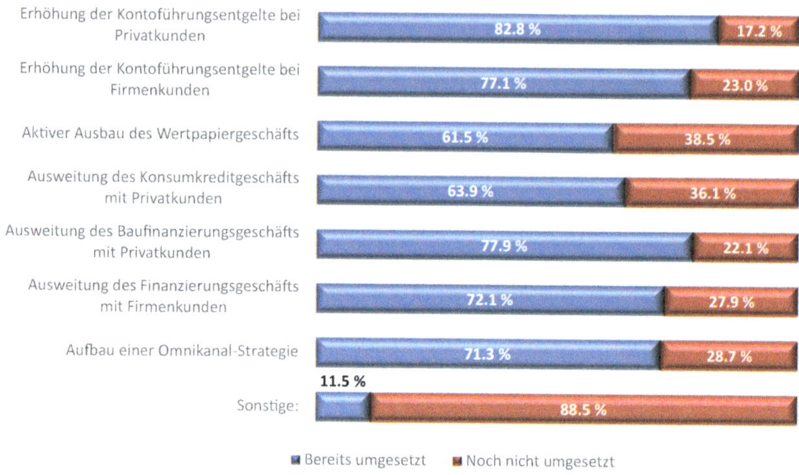

Abb. 5.3 In den letzten drei Jahren durchgeführte Maßnahmen zur Ertragssteigerung. (Quelle: eigene Darstellung)

genannten Maßnahmen bereits in circa 72 % der teilnehmenden Banken durchgeführt wurden. Dieser Anteil ist insbesondere bei der Erhöhung der Kontoführungsentgelte mit knapp 83 % und etwa 77 % sehr hoch. Gefolgt werden diese von der Ausweitung des Baufinanzierungsgeschäfts mit ebenfalls circa 78 %. Der nächste Themenbereich, der sich in seiner Häufigkeit zusammenfassen lässt, setzt sich aus der Ausweitung des Finanzierungsgeschäfts mit Firmenkunden und dem Aufbau einer Omnikanal-Strategie mit jeweils gut 70 % zusammen. Mit etwas Abstand folgen die Maßnahmen zur Ausweitung des Wertpapiergeschäfts und zur Forcierung des Konsumkreditgeschäfts. Hinzu kommen noch vereinzelte Nennungen von weiteren Maßnahmen, die aber zu überwiegenden Teilen dem Bereich der Aufwandsreduktion zuzuordnen sind.

Bei einer Differenzierung zwischen Sparkassen und Genossenschaftsbanken fällt auf, dass der Anteil der umgesetzten Maßnahmen im Sparkassensektor im Durchschnitt mehr als acht Prozent höher liegt als der Wert bei Volks- und Raiffeisenbanken. Die Werte bei der Erhöhung der Kontoführungsentgelte liegen bei einem Unterschied von 3,5 % im Privatkundenbereich und 0,8 % im Firmenkundenbereich. Insbesondere die Umsetzung der Maßnahme des aktiven Ausbaus des Wertpapiergeschäfts wurde in beiden Bankengruppen merklich unterschiedlich oft umgesetzt. In Zahlen heißt das, dass diese Maßnahme von knapp 80 % der Sparkassen und nur von knapp 55 % der Genossenschaftsbanken umgesetzt wurde. Aus den Ergebnissen ist zudem ersichtlich, dass bei den anderen vier Maßnahmen der Wert der Sparkassen jeweils um bis zu sechs Prozent höher liegt als der der Volks- und Raiffeisenbanken.

5.3 Aufwandssituation

Nach Analyse der bereits umgesetzten Maßnahmen auf der Ertragsseite folgt die Untersuchung der Aufwandsseite. Eine durchschnittliche Bank hat im Mittel etwa 42 % der in Abb. 5.4 genannten Maßnahmen bereits umgesetzt. Dieser Wert zeigt, dass über alle Maßnahmen hinweg deutlich weniger Banken in den vergangenen Jahren auf der Aufwandsseite aktiv waren, als dies auf der Ertragsseite der Fall ist. Die mit circa 84 % am häufigsten umgesetzte Maßnahme ist die Prozessoptimierung. Des Weiteren gibt es noch zwei zusätzliche Ansatzpunkte zur Aufwandsreduktion, die bereits von mehr als der Hälfte der befragten Banken umgesetzt wurden. Diese sind zum einen die Schließung bzw. die Zusammenlegung von Geschäftsstellen und zum anderen die strukturelle Senkung der Sachkosten. Daneben gibt es noch drei weitere Maßnahmen, die zumindest von einem Drittel der teilnehmenden Banken bereits umgesetzt wurden. Dies sind die strukturelle Senkung der Personalkosten, die Implementierung einer zunehmend medienbruchfreien

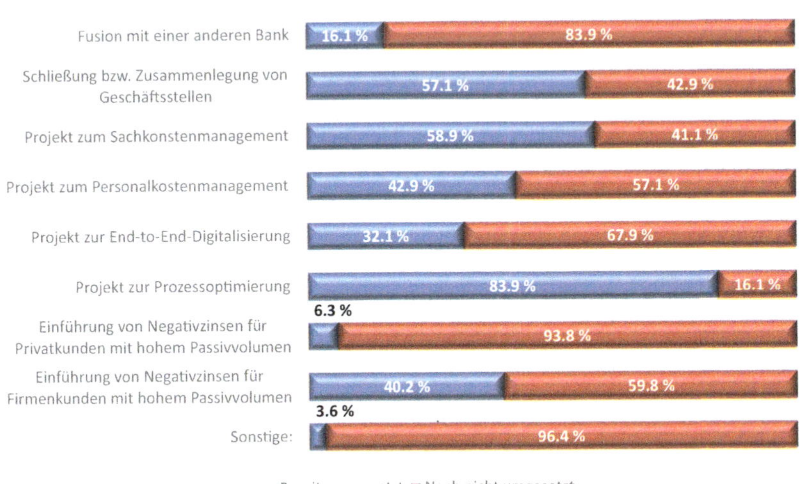

Abb. 5.4 In den letzten drei Jahren durchgeführte Maßnahmen zur Aufwandsreduktion. (Quelle: eigene Darstellung)

und automatisierten Bearbeitung von Aufträgen durch End-to-End-Digitalisierung sowie die Einführung von Negativzinsen für Firmenkunden mit hohen Passivvolumen in Form von Sichteinlagen. Gut 16 % der Banken gaben zudem an, dass sie in den vergangenen drei Jahren an einer Fusion beteiligt waren. Immerhin circa sechs Prozent bestätigten, dass sie auch für Privatkunden mit hohen Passivbeständen Negativzinsen verrechnen.

Ähnlich wie auf der Ertragsseite gibt es auch auf der Aufwandsseite teils deutliche Unterschiede, was den Anteil an Banken und Sparkassen betrifft, die die jeweils aufgeführten Maßnahmen bereits umgesetzt haben. Der durchschnittliche Umsetzungsstand über alle Maßnahmen liegt bei den Sparkassen bei gut 45 %, wohingegen der Wert bei den Genossenschaftsbanken bei weniger als 41 % liegt. Dieser weicht damit ähnlich stark wie der Unterschied auf der Ertragsseite ab. Die mit Abstand deutlichste Abweichung findet sich im Bereich des Personalkostenmanagements. Der Wert der Sparkassen liegt hier bei etwa 68 %, wohingegen lediglich ein Drittel der befragten Volks- und Raiffeisenbanken angaben, diese Maßnahme bereits umgesetzt zu haben. Aufgrund der kleingliedrigeren Struktur der Genossenschaftsbanken verwundert es nicht, dass 21 % der befragten Banken angaben, in den vergangenen drei Jahren eine Fusion durchgeführt zu haben. Sparkassen liegen hier bei lediglich gut drei Prozent. Weitere nennenswerte Unterschiede von mehr als fünf Prozent finden sich abgesehen vom Sachkostenmanagement und der End-to-End-Digitalisierung auch bei den anderen Maßnahmen. So liegt der Wert bei der Schließung von Geschäftsstellen bei den Sparkassen um mehr als zehn Prozentpunkte höher als der bei den Genossenschaftsbanken. Ein ähnliches Bild zeigt sich auch bezüglich des Anteils der Sparkassen, die in den vergangenen Jahren ein Projekt zur Prozessoptimierung durchgeführt haben. Sparkassen liegen hier um knapp neun Prozent höher als Volks- und Raiffeisenbanken. Bezüglich der Einführung von Negativzinsen für Privatkunden weisen die beiden Sektoren ein klar differenziertes Bild auf. Alle der teilnehmenden Sparkassen gaben an, dass bei Privatkunden aktuell, unabhängig von der Höhe des Passivvolumens, noch keine Negativzinsen verlangt werden. Auf Seite der Kreditgenossenschaften ist es hingegen bereits mehr als jede zwölfte Bank, die ihren Privatkunden bei einem hohen Bestand an Sichteinlagen einen Negativzins in Rechnung stellt.

5.4 Kommunikations- und Vertriebswege

Der vierte Teilabschnitt der Befragung befasst sich mit dem Themenkomplex Kommunikations- und Vertriebswege. In diesem Rahmen wird im ersten Schritt eine Analyse der angebotenen Zugangskanäle vorgenommen. Aufgabe der

Befragten war es anzugeben, welche Kanäle angeboten werden, welche für Serviceaufträge genutzt werden können und welche für den Abschluss einfacher bzw. komplexer Produkte bereitstehen. Abb. 5.5 liefert hierfür, durch eine Aufteilung nach Vertriebswegen und angebotenem Leistungsumfang je Vertriebsweg, einen komprimierten Überblick. Wie nicht anders zu erwarten, bieten alle teilnehmenden Banken ihren Kunden eigene Geschäftsstellen als Zugangswege an. Innerhalb dieser Geschäftsstellen werden Bankdienstleistungen jeder Art angeboten.

Untersucht man die anderen Kanäle, so fällt auf, dass es hier teils deutliche Unterschiede, sowohl hinsichtlich des Angebots als auch bezüglich des dahinterstehenden Leistungsumfangs gibt. Neben der Filiale werden auch das Online-Banking, das Mobile-Banking und die Kontaktaufnahme per E-Mail nahezu flächendeckend angeboten. Die telefonische Erreichbarkeit wurde von etwa 71 % der Banken als gegeben bewertet. Hinzu kommen noch weitere circa fünf Prozent, die unter dem Punkt Sonstiges die direkte Kontaktaufnahme mit dem Berater angegeben haben. Mit deutlichem Abstand folgen das Multi-Kontakt-Center und das Angebot von Video-Beratung mit 20 % bzw. knapp 14 %.

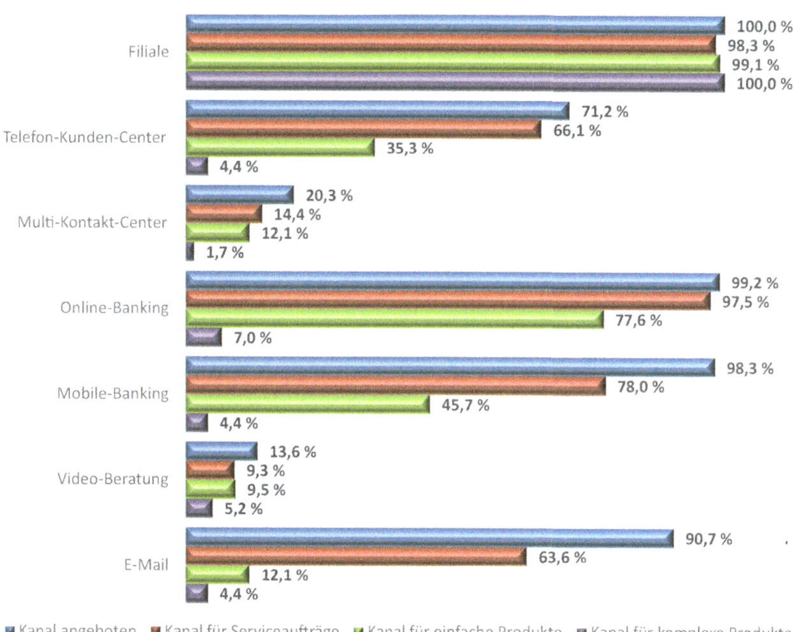

Abb. 5.5 Kanäle hinsichtlich möglicher Kanalnutzung. (Quelle: eigene Darstellung)

Ein ähnliches aber noch weiter differenziertes Bild zeigt sich beim Kanalangebot für das Einreichen von Serviceaufträgen, wie beispielsweise dem Ändern der Adresse oder des Freistellungsauftrags. Wie bereits erwähnt, ist dies zum einen in allen Filialen und zum anderen auch im Online-Banking möglich. Bei den Kanälen Mobile-Banking und E-Mail zeigt sich, dass es hier im Verhältnis zum reinen Kanalangebot deutlich weniger Banken gibt, über welche Serviceaufträge auf diese Weise eingereicht werden können. Zu dieser Gruppe lässt sich auch das Telefon-Kunden-Center zählen, wobei hier der Anteil an Banken, die diesen Kanal anbieten, Serviceaufträge aber nicht über diesen entgegennehmen, deutlich geringer ist. Bei den verbleibenden zwei Kanälen (Multi-Kontakt-Center und Video-Beratung) zeigt sich eine ähnliche Situation, wie bei den Kanälen Mobile-Banking und E-Mail. Hier ist es ebenfalls bei circa zwei Dritteln, der diese Kanäle anbietenden Banken möglich, darüber auch Serviceaufträge einzureichen.

Hinsichtlich des Kanalangebots im Rahmen des Produktabschlusses einfacher Produkte, wie der Eröffnung eines Girokontos, kann nur bei der Filiale und mit Abstrichen beim Online-Banking von einem flächendeckenden Angebot bei Regionalbanken gesprochen werden. Mit deutlichem Abstand folgen die Kanäle Mobile-Banking und das Telefon-Kunden-Center mit jeweils knapp 46 % bzw. rund 35 %. Im Vergleich zum reinen Angebot des Kanals E-Mail und der Nutzung für die Einreichung eines Serviceauftrags liegt der Anteil der Regionalbanken, die über diesen Kanal einen Produktabschluss ermöglichen bei gerade einmal zwölf Prozent und damit auf gleichem Niveau wie die Kanäle Multi-Kontakt-Center und Video-Beratung.

Im Vergleich zu den bereits untersuchten Kanalnutzungsformen spiegelt die Analyse für die Abschlussmöglichkeit komplexer Produkte, wie dem Abschluss einer Baufinanzierung, ein eindeutiges Ergebnis wider. Dies ist abgesehen von vereinzelten Nennungen nur bei physischer Präsenz in einer der Geschäftsstellen möglich.

Eine Untersuchung getrennt nach Sparkassen und Genossenschaftsbanken hat ergeben, dass es bei den allermeisten Zugangskanälen eine große Deckungsfläche gibt. Dennoch konnten aber auch ein paar markante Unterschiede identifiziert werden. Sowohl alle Sparkassen wie auch alle Genossenschaftsbanken bieten in ihren Filialen das komplette Leistungsspektrum an. Bei den anderen Kanälen jedoch zeigt sich beispielsweise bei der Verfügbarkeit eines Multi-Kontakt-Centers, Telefon-Kunden-Centers oder aber von Video-Beratung bei Sparkassen ein um bis zu 40 % höherer Wert, als bei Volks- und Raiffeisenbanken. Dieses Bild ist in ähnlicher Form auch bei den anderen Kanalnutzungsarten so zu erkennen. Grund hierfür ist, wie aus den Befragungsergebnissen ersichtlich wurde, in der Regel die teils deutlich geringere Größe der Genossenschaftsbanken.

Ein weiterer Punkt, der im Rahmen der Befragung behandelt wurde, war die Frage, ob es in der eigenen Bank einen Verantwortlichen für das Themenfeld Digitalisierung gibt, der sich auch um die Steuerung der verschiedenen Kommunikations- und Vertriebswege kümmert. Das Ergebnis war, dass fast jede dritte Bank mittlerweile eine Person mit entsprechendem Verantwortungsbereich besitzt. Die Antworten derjenigen, die die Frage mit Nein beantwortet haben, lassen sich grob in zwei Gruppen unterteilen. Der eine Teil gab an, dass eine entsprechende Stelle aktuell im Aufbau sei, wohingegen der andere Teil aus unterschiedlichsten Gründen angab, dass dies auch in nächster Zeit nicht geplant ist. Zumeist wurde hier auf die Größe der Bank (laut einer Angabe weniger als 50 Mio. EUR Bilanzsumme), die zu hohen Kosten oder die fehlende Notwendigkeit verwiesen.

Fast alle Regionalbanken bieten ihren Kunden zudem aktiv sowohl Online- als auch Mobile-Banking an. Lediglich zwei Banken gaben an, dies aktuell nicht zu tun, wobei eine dieser Banken angab, gerade am Aufbau des Online-Bankings zu arbeiten.

Hinsichtlich der Beratungsfähigkeit bezüglich Online- und Mobile-Banking schätzten ein Drittel der teilnehmenden Banken die Berater der eigenen Bank als eher schlecht bzw. schlecht ein. Gut die Hälfte aller Banken gab an, dass die eigenen Berater in diesem Themenfeld als eher gut einzustufen sind. Weitere etwa 14 % gaben sogar an, dass die Leistungsfähigkeit der Berater als gut einzustufen ist.

Gerade vor dem Hintergrund, dass alle Regionalbanken, auch durch die Zugehörigkeit zum jeweiligen Finanzverbund, grundsätzlich ähnliche technische Voraussetzungen haben, verwundert die doch recht unterschiedlich ausgeprägte technische Reife der einzelnen Institute. Wie bereits erwähnt, lässt sich dies zwar teilweise durch die unterschiedlichen Größen der einzelnen Banken erklären. Jedoch hat auch eine gesonderte Analyse der Banken mit einer Bilanzsumme von mehr als einer Milliarde Euro keine signifikant höheren Quoten, bei der Bereitstellung der verschiedenen Kanäle, ergeben.

5.5 Prozesse

Das letzte Themenfeld, das im Rahmen der in dieser Untersuchung durchgeführten Befragung von Regionalbanken behandelt wurde, ist der Prozessbereich. Im ersten Schritt wurden die Befragungsteilnehmer gebeten anzugeben, wie lange es im Durchschnitt dauert, bis ein im Internet eröffnetes Girokonto vollumfänglich genutzt werden kann. Trotz einer grundsätzlich ähnlichen technischen

Ausgangssituation aller Regionalbanken gab es hier keine einheitliche Nennung einer Dauer. Wie Abb. 5.6 veranschaulicht, gaben gut 20 % der Teilnehmer an, dass ein online eröffnetes Girokonto sofort genutzt werden kann. Dies setzt voraus, dass diese Banken ihren Kunden die Möglichkeit bieten müssen, sich beispielsweise mittels Video-Ident-Verfahren sofort legitimieren zu können. Je ungefähr ein Drittel der teilnehmenden Banken gab an, dass eine Kontoeröffnung einen bzw. zwei bis drei Arbeitstage dauert. Knapp 16 % gaben sogar an, dass die komplette Nutzung bei digitalem Abschluss des Kontos, erst nach vier oder noch mehr Arbeitstagen möglich ist. Anders als bei den Fragen zuvor gibt es hinsichtlich der Zeit, bis ein Girokonto komplett genutzt werden kann, keine Unterschiede zwischen den Bankengruppen. Selbst zwischen Banken mit einer Bilanzsumme von weniger als einer Milliarde Euro und Banken mit einer Bilanzsumme darüber gibt es keine nennenswerten Unterschiede.

Ergänzend zur Frage nach der Dauer der Kontoeröffnung wurden die Banken auch danach gefragt, ob es für die abschließende Eröffnung erforderlich ist, persönlich in der Filiale vorbeizukommen und ob die hierfür noch papierhaft benötigten Unterlagen bereits vorausgefüllt zum Download angeboten werden. Jeweils circa die Hälfte alle Banken gab an, dass ein persönliches Erscheinen der Kunden in der Filiale unbedingt erforderlich ist. Rund 81 % der Banken gaben zudem an, dass die für die Kontoeröffnung benötigten Unterlagen bereits vorausgefüllt zum Download bereitgestellt werden. Hinsichtlich der Bereitstellung dieser Unterlagen ist zwischen den zwei Bankengruppen kein Unterschied zu erkennen. Jedoch gibt es bezüglich der erforderlichen persönlichen Präsenz in einer Filiale, zur Eröffnung eines Kontos, merkliche Unterschiede. Aufseiten der Genossenschaftsbanken ist dies bei gut der Hälfte der Banken der Fall. Wohingegen dies bei 60 %

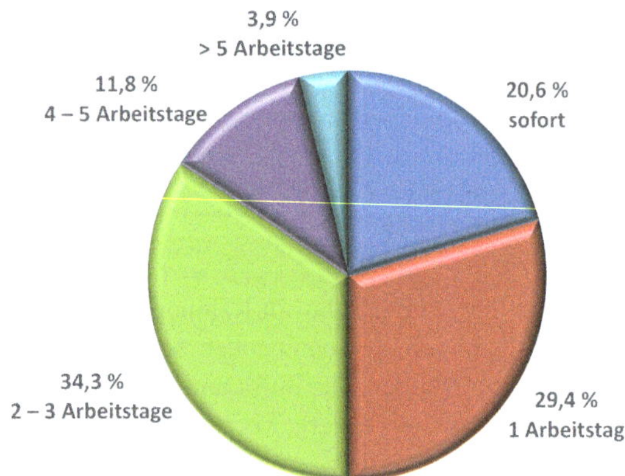

Abb. 5.6 Tage bis ein online eröffnetes Konto genutzt werden kann. (Quelle: eigene Darstellung)

aller Sparkassen mittlerweile nicht mehr notwendig ist. Hier ist es ausreichend, wenn die unterschriebenen Unterlagen der Bank per Post zugehen und dort auf ihre Richtigkeit hin geprüft werden.

Neben den Fragen zur Kontoeröffnung wurde bei den Banken auch abgefragt, ob auf der eigenen Homepage Tools zur Verfügung gestellt werden, mit denen sich komplexe Produkte wie Baufinanzierungen überschlagsweise berechnen lassen. Ergebnis dieser Erhebung ist, dass Tools dieser Art bei etwa 82 % der befragten Banken zum Standard gehören. Trotz der Tatsache, dass nahezu alle Banken den Nutzern dieser Modellrechner die Möglichkeit geben ihre privaten Kontaktdaten anzugeben, melden sich nur ungefähr 70 % der Banken im Nachgang auch aktiv bei diesen Personen. Das hat zur Folge, dass das durch das Tool geweckte Interesse ggf. von einem anderen Anbieter aufgegriffen wird und somit vorhandenes Potenzial für die jeweilige Regionalbank ungenutzt bleibt. Von Seite der Banken wurden hierfür Gründe wie der Datenschutz, die fehlende technische Unterstützung, die fehlende Möglichkeit den Kunden zu „tracken" oder aber geringes Potenzial genannt. Unterschiede hinsichtlich der beiden Bankengruppen sind hier nicht zu erkennen.

Ergänzend zur Frage, ob eine Modellrechnung online erstellt werden kann, wurden die Teilnehmer der Befragung zudem gefragt, ob es möglich ist, ein komplexes Produkt, wie eine Baufinanzierung, komplett online abzuschließen. Diese Frage wurde von fast allen teilnehmenden Banken mit Nein beantwortet. Nachfolgende Gründe wurden von den Banken beispielsweise genannt: aufsichtsrechtliche Auflagen, die aktuelle Wohnimmobilienkreditrichtlinie, die fehlende technische Infrastruktur, der fehlende kundenseitige Bedarf oder aber, dass sich diese Funktionalität aktuell gerade erst im Aufbau befindet. Eine Unterscheidung nach Sparkassen und Genossenschaftsbanken hat ergeben, dass keine der teilnehmenden Genossenschaftsbanken die Möglichkeit bietet, eine Baufinanzierung komplett online abzuschließen. Wohingegen jede sechste Sparkasse ihren Kunden diese Funktionalität bietet. Hinzu kommen noch weitere Sparkassen, die gerade an der technischen Umsetzung arbeiten.

Die letzte Frage des für die vorliegende Untersuchung erstellten Fragebogens befasst sich mit dem Omnikanal-Ansatz und dem hybriden Kundenverhalten. Die Teilnehmer der Befragung wurden hier gefragt, ob den Beratern an deren Arbeitsplatz alle seitens von Interessenten in ein Online-Tool eingetragenen Informationen zur Verfügung stehen. Die Frage zielt darauf ab, ob ein Interessent bei einem gewollten oder technisch erzwungenen Kanalwechsel alle bereits preisgegebenen Informationen nochmals nennen muss oder ob der Berater am letzten durch den Kunden bearbeiteten Punkt direkt anknüpfen kann. Das Ergebnis zeigt, dass jeweils bei circa der Hälfte der teilnehmenden Banken die Daten nochmals genannt und dann im Kernbanksystem eingetragen werden müssen. Als Hauptgrund für die erneute Abfrage bereits preisgegebener Informationen wird die fehlende technische Vernetzung zwischen Modellrechner und Kernbanksystem genannt. Interessant in diesem Zusammenhang ist, dass es nach eigenen Angaben rund der Hälfte der befragten Banken trotzdem zu gelingen scheint, diese Schnittstellenproblematik zu lösen. Eine Analyse aufgeteilt nach Sparkassen und Genossenschaftsbanken hat ergeben, dass es hier zwar minimale Unterschiede gibt, dass aber trotzdem kein struktureller Unterschied erkennbar ist.

Alternative Geschäftsmodelle 6

Neben der reinen Betrachtung der Finanzindustrie und hier der Regionalbanken im Besonderen erweitert Kap. 6 die Betrachtungsweise um die in den vergangenen Jahren immer zahlreicher auftretenden FinTechs (vgl. Abschn. 2.4). Diese haben in den einzelnen Teilbereichen der Finanzdienstleistungsindustrie eigene Geschäftsmodelle entwickelt und treten dadurch als zusätzliche Wettbewerber zu den bestehenden Banken und Sparkassen auf. Kap. 6 gibt im ersten Schritt (vgl. Abschn. 6.1) daher einen kurzen Überblick über die verschiedenen Teilbereiche, in die sich FinTechs aufteilen lassen. Nach dieser Einführung folgt speziell für den deutschen Markt eine genauere Betrachtung von vier exemplarisch herausgegriffenen Segmenten. Dies sind die Themengebiete Zahlungsverkehr (vgl. Abschn. 6.2), Kreditgeschäft (vgl. Abschn. 6.3), Anlagegeschäft (Abschn. 6.4) und das Versicherungsgeschäft, in Gestalt der InsurTechs (vgl. Abschn. 6.5).

6.1 Überblick

Die Branche der FinTechs ist sehr dynamisch und schnelllebig. Es ist zu beobachten, dass in den letzten Wochen und Monaten immer mehr solche Anbieter auf dem Markt mit neuartigen Geschäftsmodellen auftreten (vgl. Tiberius und Rasche 2017, 16 f.). Ein merklicher Anteil dieser neuen Unternehmen verschwindet aber, wie es in anderen jungen Branchen ebenfalls zu beobachten ist, nach kurzer Zeit auch wieder vom Markt (vgl. Cassala 2016, 16 f.). Abb. 6.1 gibt einen ersten Überblick über die weltweite Vielfalt der verschiedenen Unternehmen und den Bereichen, in denen diese tätig sind.

P. Pertl, *Regionalbanken zwischen Digitalisierung, Regulierung und Niedrigzinsumfeld*, Edition Bankmagazin,
https://doi.org/10.1007/978-3-658-26889-3_6

Abb. 6.1 FinTechs im Überblick. (Quelle: o. V. 2018m)

Der erste hier dargestellte Bereich befasst sich mit der Kreditvergabe an Privatpersonen und Unternehmen (für Abschn. 6.1 vgl. Dorfleitner und Hornuf 2016). Einen weiteren Bereich stellt das persönliche Finanzmanagement dar. Unternehmen in diesem Sektor geben den Kunden durch Bündelung aller Finanzprodukte einen Überblick über ihre finanzielle Situation (vgl. Auge-Dickhut et al. 2014, S. 31). Der dritte und größte Bereich beinhaltet alle FinTechs zum Thema Zahlungsverkehr und setzt sich aus verschiedenen Subbereichen zusammen. Diese Anbieter stehen mit ihren Kunden teilweise mehrmals am Tag in Kontakt und wickeln für diese Zahlungen ohne Einbindung einer Bank ab. Dabei sammeln sie zum einen viele Kundendaten und zum anderen verlieren Banken dadurch einen merklichen Teil ihrer Zahlungsverkehrseinnahmen. In der Mitte von Abb. 6.1 finden sich zudem die Segmente Crowdfunding (z. B. Kickstarter), Consumer und Commercial Banking unter anderem vertreten durch den Anbieter N26 sowie Unternehmen aus dem Segment Research and Data, deren Geschäftsmodell die Bereitstellung von Informationen ist. Des Weiteren werden Unternehmen aus den Bereichen Financial Security, Equity Financing und Banking Infrastructure vorgestellt. Deren Fokus liegt auf der Absicherung von Finanztransaktionen, der Bereitstellung von Eigenkapital und dem Angebot einer bankähnlichen Infrastruktur. Die darauffolgenden Bereiche Retail Investing und Institutional Investing fassen FinTechs zusammen, deren primärer Fokus einerseits auf der Unterstützung von Privatpersonen bei der Geldanlage liegt. Andererseits gibt es aber auch Angebote für institutionelle Anleger, wie Fondsmanager oder professionelle Trader, die dort Unterstützung finden. Der letzte Block aggregiert FinTechs, die kleinen Unternehmen Lösungen anbieten, mit denen diese ihre eigenen Finanzen besser planen und Zahlungen besser abwickeln können.

6.2 Zahlungsverkehr

Von den schätzungsweise aktuell gut 800 FinTechs in Deutschland stellen Unternehmen aus dem Bereich des Zahlungsverkehrs nach absoluten Zahlen eine vergleichsweise kleine Gruppe dar (vgl. o. V. 2018h; vgl. o. V. 2017a). Diese Unternehmen haben zwar durch den aktuellen Trend hin zum digitalen Bezahlen eine vergleichsweise hohe Medienpräsenz, aber auch beim Einwerben von Venture Capital liegen diese Unternehmen vergleichsweise zurück (vgl. o. V. 2018f). Hauptgrund hierfür sind insbesondere die in diesem Markt stark vertretenen Anbieter Appel, Google und PayPal, die mit ihren eigenen Bezahlsystemen den Markt für digitale Zahlungen, neben den originären Banken, zunehmend dominieren werden (vgl. Kirsch 2019). Das gesamte Transaktionsvolumen von FinTechs im Segment Digital Payment lag im Jahr 2018 laut Zahlen von Statista bei circa

98 Mrd. EUR. Bis ins Jahr 2023 gehen Prognosen sogar von einem Anstieg auf etwa 132 Mrd. EUR aus (vgl. o. V. 2019o). Aktuelle Zahlen zeigen, dass mittlerweile mehr als jeder zweite E-Commerce-Kunde, bei Einkäufen im Internet, Anbieter wie PayPal bevorzugt. Weitere etwa 40 % aller Online-Einkäufer zahlen aktuell noch ihre Käufe bevorzugt per Rechnung. Mit deutlichem Abstand folgen dann die Banküberweisung, die Lastschrift oder die Zahlung mit einer Kreditkarte. Damit hat sich in den vergangenen Jahren der Anteil an Kunden, die beispielsweise PayPal nutzen deutlich erhöht (vgl. o. V. 2018e). Alternativanbieter wie der deutsche Anbieter Paydirekt spielen auf dem heimischen Markt, trotz gemeinsamer Bewerbung durch Sparkassen und Genossenschaftsbanken, mangels Akzeptanz seitens der Händler auf den Onlineplattformen, kaum eine Rolle. Lediglich zehn Prozent aller Online-Shops gaben an dieses Zahlungsverfahren anzubieten. Hauptsächlich bieten Online-Händler folgende vier Zahlungsmethoden an: Kreditkarte, PayPal, Rechnung und Sofortüberweisung (vgl. o. V. 2018a).

Mit die entscheidendste Veränderung in diesem Bereich stellt die im Jahr 2015 verabschiedete Zahlungsverkehrsrichtlinie PSD2 dar. Durch diese sind künftig nicht nur Kreditinstitute, sondern auch andere Zahlungsverkehrsdienstleister der Regulierung durch die Aufsichtsbehörden unterworfen. Der große Vorteil, der sich daraus ergibt, ist, dass FinTechs nun per Gesetz auf Kundenwunsch Zugang auf die Kunde-Bank-Schnittstelle erhalten müssen. Banken sind demnach verpflichtet Informationen zu Kundenkonten mit ihren direkten Wettbewerbern zu teilen. Durch diese Daten ist es mittlerweile auch externen Anbietern wie FinTechs möglich, Produkte und Dienstleistungen mit einer noch größeren Kundenorientierung zu entwickeln. Die neue gesetzliche Regelung verursacht bei den Wettbewerbern ohne Banklizenz aber auch erhebliche Mehrkosten und Aufwand (vgl. Bauer und Glos 2016, S. 456 ff.).

Eine im Auftrag des Bundesfinanzministeriums im Jahr 2016 durchgeführte Befragung bei FinTechs hat ergeben, dass jeweils die Hälfte der Befragten angab, im Bereich des Zahlungsverkehrs sowohl auf technologischer, wie auch auf regulatorischer Seite noch einige Schwierigkeiten zu haben, die ein weiteres schnelles Wachstum dieser neuen Anbieter im Zahlungsverkehrsbereich hemmen (vgl. Dorfleitner und Hornuf 2016).

6.3 Kreditgeschäft

Im Vergleich zum Zahlungsverkehr gibt es in Deutschland neben den klassischen Banken immer mehr Anbieter von Finanzierungsdienstleistungen. Diese Gruppe stellt mit aktuell etwa 160 Startups in Deutschland die größte Gruppe der FinTechs dar (vgl. o. V. 2018f). Der Großteil der hier verorteten Unternehmen bietet Angebote im Bereich der Konsumkreditvergabe an (vgl. Abb. 6.1) (vgl. o. V. 2018m). Die relativ hohe Zahl der im Kreditgeschäft verorteten Unternehmen wird nochmal untermauert, wenn man die Wachstumszahlen und die Verteilung der Investitionsvolumen in FinTechs nach Segmenten analysiert (vgl. o. V. 2018f). Am Beispiel von auxmoney lässt sich hier zudem ein deutlicher Wachstumstrend erkennen. Allein dieser Anbieter konnte im Jahr 2018 ein Wachstum von 74 % verzeichnen, was in Summe für dieses Jahr zu einem neu vergebenen Kreditvolumen von mehr als 550 Mio. EUR geführt hat. Seit Bestehen hat dieses Unternehmen nach eigenen Angaben ein gesamtes Kreditvolumen von etwa 1,2 Mrd. EUR ausbezahlt, wobei die Abwicklung und die Kreditvergabe nicht durch das FinTech selbst, sondern durch eine Partnerbank durchgeführt wird (vgl. Johnen 2019). Nach eigenen Angaben rangiert auxmoney damit auf gleichem Niveau wie eine mittelgroße Sparkasse, wobei die Wachstumsraten der vergangenen Jahre deutliche Unterschiede zwischen den Anbietern aufweisen (vgl. Popp 2019). Um diese Zahl einordnen zu können, hilft es sie im Verhältnis zum gesamten in Deutschland aktuell vergebenen Kreditvolumen zu betrachten. Stand Ende 2018 waren in Deutschland in Summe etwa 2727 Mrd. EUR an Unternehmen und Privatpersonen an Krediten vergeben (vgl. o. V. 2019w).

Betrachtet man lediglich den Bereich der Konsumentenkredite, dann fällt auf, dass in Deutschland aktuell nur etwa 15 % dieser Kredite über das Internet und damit potenziell unter anderem durch FinTechs vergeben werden. Laut Aussagen der Deutschen Bundesbank belief sich das im Jahr 2018 in diesem Segment vergebene Kreditvolumen auf circa 106 Mrd. EUR (vgl. Popp 2019). Kredite von FinTechs werden vorwiegend für kleine Finanzierungen verwendet, die von Banken nicht oder nicht in der erforderlichen Geschwindigkeit vergeben werden können (vgl. Dorfleitner und Hornuf 2016). Die hauptsächlichen Verwendungszwecke sind Möbel, die Ablösung anderer Kredite und der Ausgleich des Girokontos (vgl. o. V. 2019x).

Mittlerweile bieten auch immer mehr Banken Kredite in einer smarten und schnellen Weise an. Ein Beispiel hierfür ist die CreditPlus Bank, welche für bestehende Kunden bereits seit dem Jahr 2016 bis 5000 EUR einen komplett digitalen Kreditabschluss ermöglicht. Hierbei verwendet die Bank bereits bewährte Verfahren wie die Legitimation mittels Video-Ident-Verfahren und den digitalen Kontocheck für die Kreditwürdigkeitsprüfung. Dieses Vorgehen ermöglicht die medienbruchfreie Beantragung eines Kredits in weniger als 15 min und eine Verfügbarkeit des Gesamtbetrags am nächsten Werktag (vgl. Wagner 2016, S. 56).

6.4 Anlagegeschäft

Neben Kreditgeschäft und Zahlungsverkehr stellt das Anlagegeschäft eine der drei großen Säulen der Kreditinstitute dar. Bezogen auf den Markt der FinTechs, gibt es hier in Deutschland aktuell gut 80 Startups. Im vergangenen Jahr hat sich die Zahl dieser Unternehmen zudem um etwa 20 erhöht und auch vom jährlich steigenden Venture Capital Volumen vereint diese Gruppe der FinTechs aktuell circa zwölf Prozent auf sich (vgl. o. V. 2017a; vgl. o. V. 2018f). Der erste deutsche Anbieter, der sich auf diesen Bereich fokussiert hat, war das Unternehmen WeltSparen, gegründet im Jahr 2013, das auf die europaweite Vermittlung von Einlagemöglichkeiten spezialisiert ist. Im Lauf der vergangenen Jahre folgten noch Unternehmen wie Zinspilot und Savedo, deren Geschäftsmodelle ähnlich strukturiert sind, wie das Angebot von WeltSparen (vgl. Dorfleitner und Hornuf 2016). Neben diesen Anlagevermittlern gibt es auch zunehmend Unternehmen, die Angebote im Bereich digitale Vermögensberatung bzw. Robo-Advisory anbieten (vgl. o. V. 2019k). Selbst etablierte Fondsgesellschaften und Banken bieten teilweise bereits seit mehreren Jahren eigene Angebote zur digital unterstützen Geldanlage an. Beispielhaft sei hier das Unternehmen VisualVest als 100-prozentige Tochter der Fondsgesellschaft Union Investment genannt, das bereits seit dem Jahr 2016 auf dem deutschen Markt aktiv ist (vgl. o. V. 2019ad).

Für das Jahr 2019 ist im Segment der Robo-Advisor von einem Anlagevolumen von knapp 7,5 Mrd. EUR auszugehen, das sich laut Prognose von Statista in der Zeit bis zum Jahre 2023 auf etwa 30,4 Mrd. EUR entwickeln könnte. Prognosen zeigen, dass sich die Nutzeranzahl in derselben Zeit voraussichtlich verdreifachen wird (vgl. o. V. 2019ab). Ein ähnliches Bild zeigt sich auch im Bereich der Einlagenvermittler, die in den vergangenen Jahren bereits ebenfalls deutliche Wachstumswerte erreichen konnten. Nahezu das gesamte Volumen dieses Segments wird von den drei großen Einlagevermittlern verwaltet. Den Durchbruch konnte dieses Geschäftsmodell mit der Einrichtung der europaweiten Einlagensicherung verbuchen. (vgl. Dorfleitner und Hornuf 2016). Demnach sind bis zu 100.000 EUR je Kunde und Bank, unabhängig vom Land der Geldanlage, abgesichert (vgl. Lindmayer et al. 2016, 54 f.). Hauptgrund für das Bestehen dieses Geschäftsmodells ist der Zinsunterschied, bei sonst gleichen Anlageformen, im europäischen Vergleich, von teils mehr als 200 Basispunkten (vgl. Dorfleitner und Hornuf 2016).

Auch die Unternehmen in diesem Segment wurden im Rahmen einer vom Bundesfinanzministerium beauftragten FinTech Studie dazu befragt, ob diese für sich aktuell technologische oder regulatorische Hemmnisse wahrnehmen. Dabei wurden diese Fragen von jeweils 80 Prozent mit Ja beantwortet. Seitens dieser Unternehmen wurde hier auf technologischer Seite auf die veralteten, seitens der Bundesbank im Rahmen des SEPA-Zahlungsverkehrs genutzten Systeme und die fehlende flächendeckende Breitbandanbindung der Kunden in ländlichen Regionen hingewiesen. Auf regulatorischer Seite kamen beispielsweise die europaweit uneinheitlichen Regelungen zur Geldwäsche zur Sprache (vgl. Dorfleitner und Hornuf 2016).

6.5 Versicherungsgeschäft

Der letzte im Rahmen dieser Untersuchung vorgestellte Bereich der neuen Geschäftsmodelle befasst sich mit der Gruppe der InsurTechs. Auf dem deutschen Markt gibt es aktuell gut 90 InsurTechs, wovon etwa 20 erst im vergangenen Jahr tätig wurden (vgl. o. V. 2017a; vgl. o. V. 2018f). Die Anzahl und die Vielfalt der in diesem Segment verorteten Unternehmen ist zwar etwas geringer als bei den FinTechs, aber dennoch recht hoch (vgl. Kottmann und Dördrechter 2016). Abb. 6.2 gibt in geclusterter Form, nach Themenfeldern, einen weltweiten Überblick über die Vielfalt der in diesem Segment verorteten Unternehmen. Diese reichen von dem Bereich Automotive über den Gesundheitsbereich bis hin zum Angebot von Rückversicherungen (vgl. o. V. 2018q).

Neben einer reinen Unterscheidung nach dem angebotenen Themenfeld, in dem das jeweilige Unternehmen aktiv ist, lässt sich auch eine Unterteilung in die drei hauptsächlichen Schritte der Wertschöpfung von Versicherungsunternehmen vornehmen. Dies sind die in Abb. 6.3 dargestellten Bereiche Angebot, Vertrieb und Betrieb (vgl. Kottmann und Dördrechter 2017). Jeder dieser Bereiche lässt sich wieder in einige Untergruppen aufteilen, die sich dann auf deren Auswirkung auf die etablierten Anbieter hin untersuchen lassen. Dabei zeigt sich, dass InsurTechs die gesamte Wertschöpfungskette traditioneller Versicherer angreifen. Hohe strategische Chancen für diese neuen Anbieter ergeben sich im Bereich des Angebots, insbesondere bei den Leistungen Low Cost sowie im Bereich des umfassenden Ansatzes „von versichert zu geschützt“. Im Wertschöpfungsschritt des Vertriebs liegen die strategischen Chancen auch im Bereich der „Unternehmensplattformen“. Seitens des Betriebs ist das strategische Potenzial vor allem in den Bereichen „Antrag/Underwriting“ und im Segment „Schaden“ besonders hoch (für detaillierte Informationen zu den einzelnen Untergruppen vgl. Abb. A.9, A.10 und A.11).

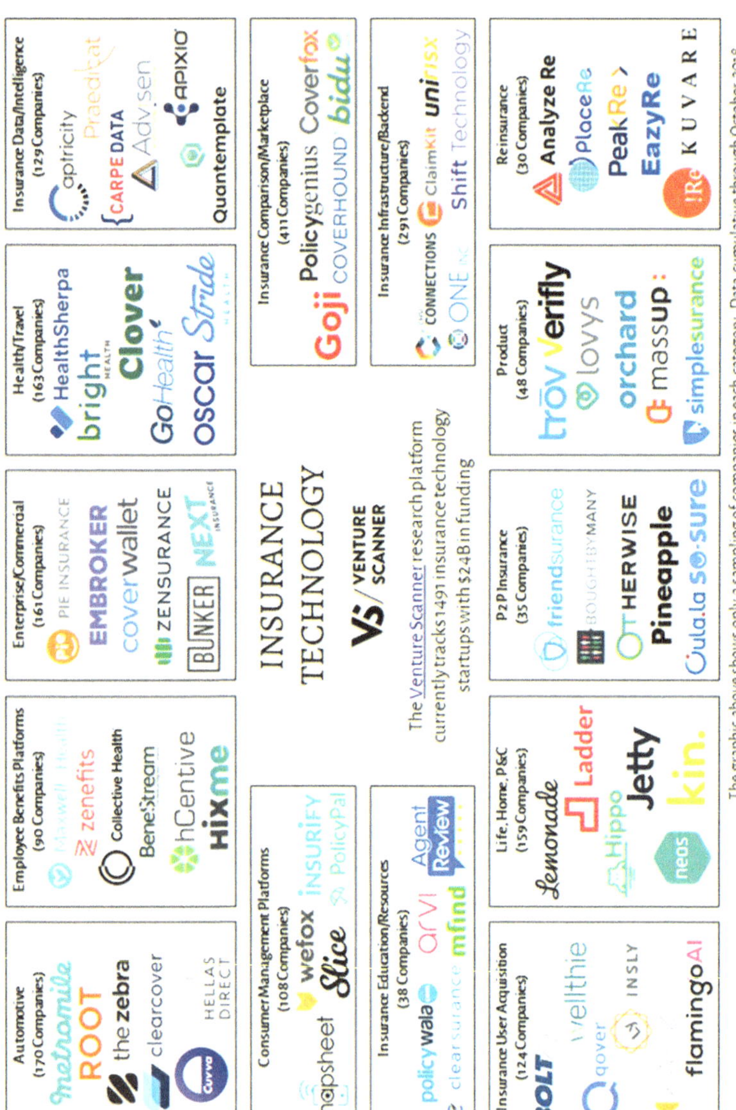

Abb. 6.2 InsurTechs im Überblick. (Quelle: o. V. 2018q)

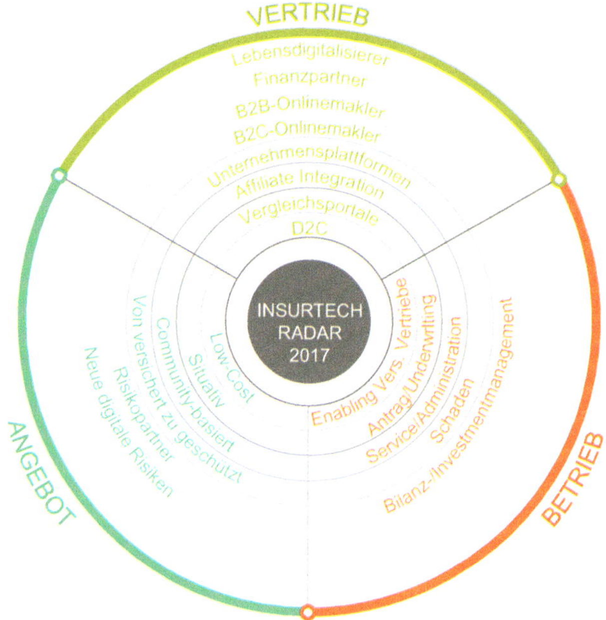

Abb. 6.3 Kategorien von InsurTechs entlang der Wertschöpfungskette. (Quelle: Kottmann und Dördrechter 2017)

Hintergrundinformation

„Low Cost": Durch vollkommen digitale Plattformen und ohne veraltete IT-Systeme streben Anbieter dieses Segments nach der Preisführerschaft bei Versicherungslösungen (vgl. Kottmann und Dördrechter 2017).

„von versichert zu geschützt": Anbieter dieses Segments wollen ihre Kunden umfassend betreuen und deren Bedürfnis nach Schutz abdecken. Deren erklärtes Ziel ist es ausdrücklich nicht lediglich für den Schadenfall da zu sein. Es geht darum, Sicherheit durch verschiedene Soft- und Hardwarekomponenten in Kombination mit entsprechenden Versicherungslösungen erlebbar zu machen (vgl. Kottmann und Dördrechter 2017).

„Unternehmensplattformen": Auf diesen Plattformen erhalten Mitarbeiter Vergünstigungen und weitere zusätzliche Vorteile, unter anderem auch bei Versicherungen und oft auch in Verbindung mit Zuschüssen der Arbeitgeber (vgl. Kottmann und Dördrechter 2017).

„Antrag/Underwriting": Unternehmen dieses Segments unterstützen Versicherer bei der Entscheidung, welche Risiken angenommen und welche abgelehnt werden sollten. Dabei erhalten die Versicherungen bessere Risikoeinschätzungen, die einerseits in der genaueren

Bepreisung der zu versichernden Risiken und andererseits auch für das Angebot neuer Versicherungsleistungen eingesetzt werden können (vgl. Kottmann und Dördrechter 2017).

„Schaden“: Leistungskern dieser InsurTechs ist das Angebot schlanker und nutzerfreundlicher Schadensprozesse, die zudem zu einer besseren Entscheidung bei der Schadensregulierung führen (vgl. Kottmann und Dördrechter 2017).

7 Handlungsempfehlungen

Wie in den vorangegangenen Kapiteln bereits erarbeitet, gibt es eine Vielzahl an verschiedenen Einflüssen auf das Geschäftsmodell von Regionalbanken. Zudem wurden in Kap. 4 bereits erkennbare Reaktionen zur Stabilisierung des laufenden Geschäfts aufgezeigt. Im darauffolgenden Kapitel wurde dann der aktuelle Umsetzungsstand hinsichtlich verschiedener Maßnahmen mittels einer Bankenbefragung erfasst und analysiert. Kap. 7 dient nun der Darlegung verschiedener Handlungsempfehlungen für die Zukunft.

7.1 Stabilisierung des Betriebsergebnisses

Die wichtigste Handlungsempfehlung ist das Ergreifen von schnell in Wirkung kommenden operativen Maßnahmen zur Stabilisierung des Betriebsergebnisses. Wie Abschn. 3.2.2 zeigt, ist in den kommenden Jahren zum einen mit weiter zurückgehendem Zinsertrag und zum anderen mit weiter steigenden Verwaltungsaufwendungen zu rechnen. Aus den genannten Gründen ist es daher wichtig, die bereits begonnenen und in den Abschn. 4.1, 4.2, 4.4, 4.5 und 4.6 dargestellten Maßnahmen weiter voranzutreiben, um damit das Betriebsergebnis zu stabilisieren. Da die Entwicklung und Umsetzung einer Omnikanal-Strategie als mittel- bis langfristige Maßnahme anzusehen ist und keine unmittelbar positiven Auswirkungen auf das Betriebsergebnis aufweist, wird diese nicht als geeignete Maßnahme zur operativen Stabilisierung des Betriebsergebnisses eingestuft und daher unter Abschn. 7.3 als strategische Maßnahme für die zukünftige Ausrichtung der Bank genauer vorgestellt.

Wie die Abschn. 5.2 und 5.3 eindrücklich gezeigt haben wurden seitens der Regionalbanken, insbesondere auf der Ertragsseite, bereits einige Maßnahmen zur Stabilisierung des Betriebsergebnisses umgesetzt. Dies zeigt beispielsweise

P. Pertl, *Regionalbanken zwischen Digitalisierung, Regulierung und Niedrigzinsumfeld*, Edition Bankmagazin,
https://doi.org/10.1007/978-3-658-26889-3_7

der mit circa 80 % hohe Umsetzungsstand bei der Einführung neuer, erhöhter Kontoführungsentgelte. Wie groß das darin begründete Potenzial ist, veranschaulicht der von einer Sparkasse mit rund 4,5 Mrd. EUR Bilanzsumme realisierte Mehrertrag von 500.000 EUR allein durch die Optimierung der Firmenkontomodelle. Aufgrund der in der Regel deutlich größeren Anzahl an Privatkonten ist auch bei diesen Konten mit einer merklichen Ertragssteigerung zu rechnen, die für gewöhnlich sogar deutlich höher ausfällt, als durch die Anpassung der Firmenkonten (vgl. Schmid 2016, S. 14 f.). Erfahrungsgemäß beläuft sich beispielsweise das GuV-Potenzial einer Preissteigerung um zehn Prozent auf etwa 125 % (vgl. Klenk und Ströppel 2019, S. 12). Die Empfehlung ist daher, dass (wo noch nicht geschehen) vorhandene Potenziale unbedingt gehoben werden sollten. Nur so lässt sich der zunehmend wegbrechende Zinsertrag zumindest teilweise kompensieren. Dies gilt neben der Anpassung des Pricings aber auch bei der Überprüfung von Verschlüsselungen und der Durchsetzung bereits vereinbarter Preise. Projekterfahrungen bei Banken zeigen, dass das Potenzial aus diesen Themenfeldern je eine Milliarde Euro Bilanzsumme, in Abhängigkeit der aktuellen Ausgangssituation der jeweiligen Bank, zwischen 60.000 EUR und 270.000 EUR liegt (vgl. Martl und Pertl 2019, 68 ff.).

Bei der Optimierung der Aufwandsstruktur zeigt sich, wie in Abb. 5.4 dargestellt, bei den einzelnen Maßnahmen, ein deutlich geringerer Umsetzungsstand als auf der Ertragsseite. In den kommenden Jahren wird es gerade für Regionalbanken wichtig sein, zum einen entstehende Kosten wie Negativzinsen (insbesondere bei Firmen- und Privatkunden mit großen Passivvolumen) an die Kunden weiterzugeben, um so immer noch bestehende Quersubventionierungen konsequent weiter abzubauen. Zum anderen gilt es zudem vorhandene Potenziale, die sich durch die Digitalisierung ergeben, auch zu nutzen. Beispielsweise sollten durch die konsequente Einführung von End-to-End digitalisierten Prozesses manuelle Arbeiten auf ein Minimum reduziert und dadurch Kosten gespart werden (vgl. Dose und Schmidt 2016, 76 ff.).

7.2 Nutzung von Big Data

Der Begriff Big Data wird in Banken immer häufiger verwendet. Ein Indiz für die Wichtigkeit dieses Terms ist beispielsweise auch die hohe Anzahl an Suchergebissen in Suchmaschinen wie Google und die große Anzahl an Artikeln in Fachpresse und Tageszeitungen (vgl. Lange 2016, S. 22 f.). Aktuell gibt es keine einheitliche und allgemeingültige Definition des Begriffes. Für die Zwecke dieser Untersuchung erfolgt daher eine Abgrenzung anhand seiner fünf hauptsächlichen spezifischen

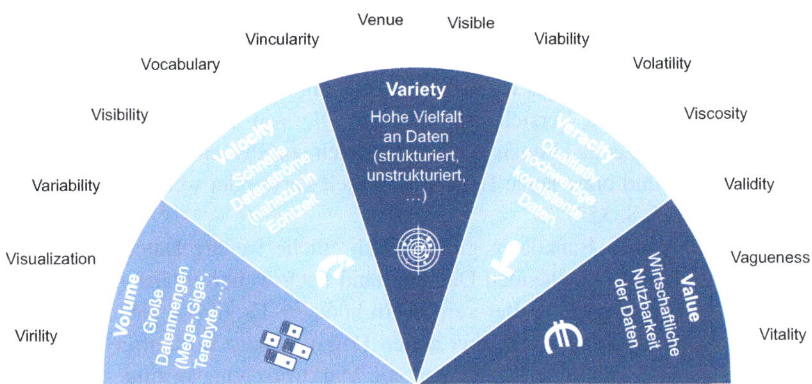

Abb. 7.1 5 V von Big Data und weitere angrenzende Begriffe. (Quelle: eigene Darstellung in Anlehnung an Walker 2012; Cartledge 2017)

Eigenschaften (Volume, Velocity, Variety, Veracity, Value) (für weiterführende Informationen vgl. Fasel und Meier 2016, S. 5 f.). Im Laufe der Jahre hat sich die Anzahl der Kriterien, anhand derer sich der Begriff Big Data festmachen lassen kann, immer weiter verzweigt und immer neue Autoren fügen zu den ursprünglichen 3 V (Variety, Velocity und Volume) ergänzende Begriffe hinzu. Diese beginnen immer mit dem Buchstaben V und sollen den Begriff Big Data noch genauer charakterisieren. Wodurch man mittlerweile in der einschlägigen Fachliteratur etwa 20 verschiedene Wörter wie Veracity, Value, Vitality, Visibility, Vuncularity, Vocabulary, Venue, Viability, Vaidity oder Visualisation finden kann (vgl. Cartledge 2017) (Abb. 7.1).

Bei Banken und Sparkassen entstehen im Zuge des alltäglichen Bankgeschäfts jeden Tag große Mengen an Kundendaten unterschiedlichster Datentypen (strukturiert und unstrukturiert), die zumeist nicht bzw. unzureichend genutzt werden. Vielfach werden diese Daten lediglich im Data Warehouse der Rechenzentren gespeichert aber nicht in strukturierter Form ausgewertet. Dies liegt zum einen an regulativen Hürden und zum anderen aber auch daran, dass seitens der Banken der in diesen Daten steckende Mehrwert nicht erkannt wird (vgl. Lange 2016, S. 23). Technisch gesehen gibt es seit ein paar Jahren immer mehr Tools zur Analyse dieser Daten. Banken und auch andere Unternehmen hätten dadurch die Möglichkeit, die vorhandenen Daten nicht nur mittels traditioneller statistischer Methoden zu kategorisieren. Diese Tools ermöglichen es zudem mit Hilfe von Predictive Analytics zukünftige Ereignisse mit hoher Treffergenauigkeit zu prognostizieren (vgl. Zayko 2016, S. 38 f.).

Mögliche Einsatzfelder erstrecken sich über die gesamte Wertschöpfungskette und reichen von der besseren Kundenzentrierung, über die bessere Betrugserkennung und ein genaueres Kreditscoring, bis hin zu einer Optimierung bei der Prämienkalkulation im Versicherungsbereich. Die von externen Dienstleistern angebotenen Werkzeuge können mittlerweile auch von Personen ohne tiefes technisches Wissen und ohne lange Einarbeitungszeit verwendet werden (vgl. Mäder und Franke 2015, S. 353).

Neben den reinen Bankdaten gibt es auch etliche weitere Datenquellen, bei denen Banken ihren bestehenden Datenbestand noch weiter ergänzen und damit die Vorhersagegenauigkeit weiter verbessern könnten. Es gibt sowohl öffentliche Anbieter wie statistische Ämter, bei denen Daten zumeist kostenfrei angeboten werden, als auch kommerzielle Anbieter, wie Marktforschungsinstitute, die Daten gegen Bezahlung zur Verfügung stellen (vgl. Koch et al. 2016, 41 ff.).

Wie die vorangegangenen Absätze kurz dargestellt haben, bietet die Nutzung bereits vorhandener Daten und die Einbeziehung externer Datenquellen ein großes Potenzial, sowohl für Banken als auch für deren Kunden. Wichtig ist aber, dass Banken hier offen und vertrauensvoll auf ihre Kunden zugehen und sich die Genehmigung zur Datennutzung einholen. Dabei ist es unerlässlich, den Kunden den für sie daraus entstehenden Nutzen transparent zu machen, um sich auch hier von Unternehmen wie PayPal eindeutig abzugrenzen. Diese Unternehmen unterliegen beispielsweise nicht den strengen europaweit einheitlichen Datenschutzstandards und weisen zudem lediglich bei der erstmaligen Verwendung ihrer Anwendung auf die Datennutzung hin. Viele auf den ersten Blick kostenfreie Anwendungen werden so durch die Preisgabe der eigenen Daten bezahlt (vgl. Hessenmüller 2016, S. 42 f.).

7.3 Umsetzung einer Omnikanal-Strategie

Als strategische Maßnahme stellt die Umsetzung einer Omnikanal-Strategie mittelfristig eine der wichtigsten Maßnahmen dar. Diese soll es den Regionalbanken erlauben, auch in Zukunft überall dort ansprechbar zu sein, wo sich die Kunden dies wünschen. Hierbei ist es unerlässlich, dass die verschiedenen Kanäle nicht nur isoliert nebeneinander bestehen, sondern auch untereinander vernetzt sind und Kanalwechsel jederzeit barrierefrei und ohne Informationsverluste möglich sind.

Die Ergebnisse der Bankenbefragung aus Abschn. 5.2 zeigen, dass gut zwei Drittel aller Regionalbanken in den letzten drei Jahren begonnen haben, eine Omnikanal-Strategie aufzubauen und dass parallel hierzu auch die jeweiligen

Verbände von Sparkassen und Genossenschaftsbanken ein flankierendes Omnikanal-Konzept entwickeln bzw. bereits entwickelt haben (vgl. Eisgruber und Götze 2016, 14 ff.). Jetzt müssen die zentral und dezentral entwickelten Fachkonzepte aber auch noch in den Primärbanken umgesetzt und mit Leben gefüllt werden. Dies scheint, wie die Befragungsergebnisse und weitere Praxistests zeigen, in der Breite aber noch nicht der Fall zu sein. Der Großteil der vorhandenen Kanäle steht aktuell, wie aus Abb. 5.5 ersichtlich wird, lediglich zur Informationsbeschaffung zur Verfügung. Vielfach muss daher aktuell noch von Scheindigitalisierung gesprochen werden, da im Durchschnitt, selbst bei einem online eröffneten Konto, nicht einmal 40 % der Kundenkontakte digital abgewickelt werden können (vgl. Bitzer 2016, S. 75 f.). Zudem gilt es jegliche Medienbrüche zu vermeiden, um dem Kunden auch bei einem von ihm initiierten Kanalwechsel eine nahtlose Anknüpfung an bereits begonnene Prozesse zu ermöglichen (vgl. Lindemann 2016, S. 59).

Trotz zunehmender Digitalisierung und der Anzahl an internetaffinen Kunden dürfen aber insbesondere Regionalbanken im Rahmen ihrer Omnikanal-Strategie die Filiale als wichtigen Vertriebskanal nicht vernachlässigen. Dieser stellt, wie in Abb. 3.5 ersichtlich, für drei Viertel aller Kunden immer noch einen wichtigen Zugangsweg und somit für Regionalbanken einen entscheidenden Differenzierungsfaktor gegenüber rein digitalen Anbietern dar (vgl. Lipphardt und Mihm 2016, 14 ff.).

7.4 Konsolidierung des Regionalbankensektors

Handlungsempfehlung vier lässt sich in zwei Themen gliedern. Zum einen geht diese in Richtung einer weiteren Konsolidierung innerhalb des Regionalbankensektors und zum anderen hin zu einer zunehmenden Zahl an Kooperationen zwischen FinTechs und den Dachorganisationen bzw. Rechenzentren der jeweiligen Primärbanken.

Auf Ebene der Regionalbanken und zum Teil auch auf Ebene der Zentralinstitute sowie den angeschlossenen Verbundunternehmen gilt es auch in den kommenden Jahren die bereits begonnenen Konsolidierungsanstrengungen voranzutreiben. Dabei haben die Sparkassen-Finanzgruppe und die Genossenschaftliche FinanzGruppe zwei etwas unterschiedliche Ausgangssituationen (vgl. Henk und Holthaus 2015, S. 67 ff.). Daraus resultieren wiederum leicht unterschiedliche Schwerpunkte bei der Handlungsempfehlung. Während der Konsolidierungsprozess bei Sparkassen auf Ebene der Primärinstitute bereits gut vorangeschritten ist, ist dies auf Ebene der Landesbanken und Verbundunternehmen, wie den einzelnen Landesbausparkassen und Landesversicherungen, noch nicht der Fall (vgl. o. V. 2018). Die Handlungsempfehlung geht hier, wo sinnvoll, in Richtung einer weiteren Konsolidierung auf Primärbankebene und einer zunehmenden Konsolidierung auf Ebene der Landesbanken und Verbundunternehmen. Diese sollten ihre Kräfte in größeren Einheiten bündeln, um dadurch auch in Zukunft schlagkräftig zu bleiben.

Auf Seite der Genossenschaftlichen FinanzGruppe ist der Konsolidierungsprozess durch die Fusionen der Dachorganisationen DZ Bank und WGZ Bank sowie zwischen den IT-Dienstleistern Fiducia und GAD schon ein gutes Stück vorangekommen (vgl. Henk und Holthaus 2015, S. 69 f.). Zu diesem Thema äußerte sich auch Wolfgang Kirsch, der ehemalige Vorstandsvorsitzende der DZ Bank, am 7. März 2017 bei der Bilanzpressekonferenz und beschrieb, dass zudem beispielsweise auch die beiden Verbundunternehmen DG HYP und WL Bank mit der Aufnahme von Fusionsgesprächen beauftragt wurden (vgl. Kirsch 2017). Diese wurden zum 27. Juli 2018 mit der Handelsregistereintragung zum erfolgreichen Abschluss gebracht, wodurch aus den beiden Vorgängerinstituten rückwirkend zum 1. Januar 2018, die DZ HYP entstanden ist (vgl. o. V. 2018p). Anders sieht es hier noch auf Ebene der Primärinstitute aus, deren Zahl zwar, wie Abb. 4.1 zeigt, in den vergangenen Jahren deutlich zurückgegangen ist, aber aktuell dennoch fast dreimal so hoch ist, wie die der Sparkassen (vgl. o. V. 2018s). Daher geht die Handlungsempfehlung bei Genossenschaftsbanken dahin, den bereits begonnenen Weg weiter zu gehen und durch die Bildung größerer Einheiten Effizienzvorteile zu heben. Dies gilt insbesondere für kleinere Genossenschaftsbanken mit einer Bilanzsumme von weniger als 500 Mio. EUR (vgl. Stegmüller et al. 2016).

Eine weitere Form, die in den Bereich der Konsolidierung gezählt werden kann, stellt die Kooperation zwischen den verschiedenen Dachorganisationen der Regionalbanken und potenzialträchtigen FinTechs dar. Bis vor einiger Zeit waren Kooperationen, egal welcher Art, zwischen klassischen Banken und neuen digitalen Wettbewerbern eher selten (vgl. Kühne 2015, S. 24). In den letzten Monaten haben aber immer mehr Banken eigene Investitionsprogramme für die Kooperation bzw. den Kauf von FinTechs aufgelegt und diese teilweise sogar schon erfolgreich umgesetzt (vgl. Habdank 2018, S. 3). Stand Ende Oktober 2018 ergab eine Untersuchung des deutschen Marktes für Finanzdienstleistungen gut 850 Kooperationen zwischen klassischen Finanzdienstleistern und FinTechs. Darunter auch 562 Kooperationen zwischen Banken und FinTechs. Etwa 80 % dieser Zusammenarbeiten sind operativ und lediglich knapp 20 % ausschließlich finanziell. Die hauptsächlichen Segmente für eine Kooperation sind die Bereiche Investment- und Finanzierungslösungen. Die Commerzbank ist hier mit in Summe 73 Kooperationen klarer Vorreiter, wobei diese auch mit Abstand den größten Anteil an rein finanziellen Kooperationen aufweist. Der Commerzbank folgen mit deutlichem Abstand die Deutsche Bank (58 Kooperationen) und die DZ Bank (33 Kooperationen) (vgl. o. V. 2018l). Handlungsempfehlung ist hier ganz klar, den Umfang der Zusammenarbeit weiter auszubauen, um so von den Ideen und dem technischen Wissen der neuen Wettbewerber profitieren zu können. Hierfür ist es aber unerlässlich, dass Banken für die problemlose Integration neuer Dienste sogenannte APIs (Application Programming Interfaces), als standardisierte Schnittstellen zu den eigenen Kernbankensystemen bereithalten (vgl. Bocks 2016, 46 ff.).

7.5 Entwicklung digitaler Finanz-Ökosysteme

Das Konzept digitaler Ökosysteme beruht auf dem Gedanken, dass beispielsweise wie bei Apple oder Amazon, ein ganz eigenes, nach außen abgegrenztes Produkt- und Dienstleistungsangebot bereitgestellt wird (für Abschn. 7.5 vgl. Dapp 2015), Eine Besonderheit von digitalen Ökosystemen ist die damit in Verbindung stehende Walled-Garden-Strategie (vgl. Abschn. 2.4).

Immer mehr digitale Ökosysteme treten eigenständig oder in Kooperation mit Kreditkartenunternehmen, Telekommunikationsunternehmen oder weiteren Unternehmen in den Wettbewerb mit klassischen Banken ein. Dabei ist es für klassische Banken unerlässlich, auf diese Entwicklung schnell zu reagieren und ebenfalls durch die Bildung von Allianzen innerhalb, wie außerhalb der Finanzdienstleistungsindustrie ein eigenes digitales Finanz-Ökosystem zu entwickeln. Ein Praxisbeispiel, bei dem dies in der Vergangenheit in Ansätzen versucht wurde, war die durch viele deutsche Banken getragene Entwicklung von Paydirekt, das seitens der deutschen Banken ein Gegengewicht zu PayPal darstellen sollte (vgl. Wollenweber und Ruble 2017, 20 f.). Sollte deshalb, weil aktuell deutschlandweit über diese Plattform lediglich 40.000 Transaktionen pro Monat abgewickelt werden, was sich zwar auf den ersten Blick viel anhört aber im Vergleich zu PayPal mit gut 30 Mio. Transaktionen pro Monat nur einen Bruchteil darstellt (vgl. Dohms 2018). Neben der reinen bankenübergreifenden Zusammenarbeit ist es aber unabdingbar, dass die Kompetenzen der traditionellen Kreditinstitute mit den Fähigkeiten technologiegetriebener Nicht-Banken kombiniert und zu einem kundenorientierten Leistungsangebot zusammengefasst werden.

Dabei ist es wichtig, dass ein Kunde die von ihm aufgesuchte Plattform, ähnlich wie bei Amazon in vielen Bereichen heute schon, nicht mehr verlassen muss. Der Kunde hat dann beispielsweise mittels unterschiedlicher Apps, die von Banken und Nicht-Banken entwickelt werden, die Möglichkeit eine auf seine Bedürfnisse zugeschnittene Finanzplattform zusammenzustellen. Dabei spielen im gesamten digitalen Ökosystem die Themen Individualisierung und Personalisierung eine zunehmend wichtigere Rolle.

Zusammengefasst lässt sich sagen, dass Banken mithilfe digitaler Ökosysteme versuchen müssen, die Bedürfnisse ihrer Kunden auch in Zukunft vollständig zu befriedigen. Dabei sollten sich Banken an den Wünschen der Kunden nach maximaler Einfachheit und Transparenz orientieren. Eine Möglichkeit, wie dies erreicht werden kann, ist durch die Aggregation aller wichtigen Finanzinformationen auf einer Plattform, die in Zukunft auch durch eine künstliche Intelligenz wie bei Apples Siri oder Amazons Alexa ergänzt wird. In einem nächsten Schritt sollte dann auch zunehmend daran gearbeitet werden, Leistungsangebote aus angrenzenden Bereichen in das digitale Finanz-Ökosystem zu integrieren.

8 Zusammenfassung und Ausblick

Die Aufgabenstellung dieser Untersuchung war die Erarbeitung der Auswirkungen der drei maßgeblichen Einflussfaktoren, die das Geschäftsmodell von Regionalbanken beeinflussen. Auf Basis der zusammengetragenen Informationen erfolgte im ersten Schritt eine detaillierte Analyse des deutschen Bankenmarktes. Diese hat ergeben, dass es neben den klassischen Banken eine Vielzahl an unterschiedlichen weiteren Wettbewerbern mit- und ohne Banklizenz gibt. Danach wurde eine in zwei Teilen aufgegliederte Umweltanalyse durchgeführt. Dabei erfolgte im ersten Schritt eine spezifische Wettbewerbsanalyse, bei der anhand von Porters „Five Forces" die Finanzdienstleistungsbranche analysiert wurde. In einem zweiten Schritt wurde dann das allgemeine Umfeld unter Zuhilfenahme einer „STEP-Analyse" untersucht. Die Haupterkenntnis aus diesen beiden Analysen ist, dass das Geschäftsmodell von Regionalbanken aktuell gleich von mehreren Einflussfaktoren überwiegend negativ beeinflusst wird.

Darauf aufbauend befasste sich das dritte Kapitel mit den Auswirkungen, die sich aus den im vorangegangenen Kapitel dargestellten Einflussfaktoren für Regionalbanken ergeben. Dabei hat sich gezeigt, dass zuallererst die sich verändernden Anforderungen der Kunden an ihren Finanzdienstleister verstanden werden müssen. Dabei ließ sich feststellen, dass sich immer weniger Kunden einem einzigen Zugangskanal zuordnen lassen und dass dies auch unbedingt bei einer künftigen Segmentierung zu berücksichtigen ist. Kunden sind in ihrem Verhalten zunehmend hybride und wechseln, abhängig von der nachgefragten Leistung, vermehrt auch innerhalb eines begonnenen Prozesses zwischen den Kanälen. Dies tun sie mit der Erwartungshaltung, dass dies ohne technische Hürden problemlos und vollkommen integriert (ohne Informationsverlust) möglich ist. Aus den veränderten Verhaltensweisen und Erwartungen der Kunden, sowie den externen Einflussfaktoren, Digitalisierung, Regulierung und Niedrigzinsumfeld ergeben sich

P. Pertl, *Regionalbanken zwischen Digitalisierung, Regulierung und Niedrigzinsumfeld*, Edition Bankmagazin,
https://doi.org/10.1007/978-3-658-26889-3_8

für Regionalbanken zunehmende negative betriebswirtschaftliche Aussichten. Eine eigens für diese Untersuchung erstellte Szenarioanalyse hat ergeben, dass davon sowohl Sparkassen wie auch Genossenschaftsbanken in ähnlichem Ausmaß betroffen sind. Dies führt je nach Szenario zu einem deutlichen Anstieg der Cost-Income-Ratio, um teils mehr als zehn Prozentpunkte. Hinzukommen für Regionalbanken veränderte Anforderungen an Mitarbeiter und Führungskräfte sowie an die organisatorische Struktur, die Steuerung und die technologische Situation, die ebenfalls sowohl Kosten verursachen als auch Zeit in Anspruch nehmen werden.

Die zwei Schwerpunkte dieser Untersuchung beziehen sich auf die Aufbereitung möglicher Reaktionen von Regionalbanken auf die veränderte Ausgangssituation sowie auf die Darstellung des aktuellen Umsetzungsstands einzelner Maßnahmen. Wie Kapitel vier zeigt, haben die einzelnen Genossenschaftsbanken und Sparkassen sowie deren Dachorganisationen und Verbundunternehmen bereits einige Maßnahmen entwickelt und diese je nach Bank in unterschiedlichem Umfang auch schon begonnen umzusetzen. Um einen Überblick über den tatsächlichen Umsetzungsstand der einzelnen Maßnahmen und Fachkonzept zu erhalten, erfolgte durch den Autor eine Befragung aller etwa 1300 Regionalbanken in Deutschland. An der Befragung haben sich knapp 200 Banken beteiligt, wobei die Fragebögen vorwiegen von Fach- und Führungskräften der einzelnen Banken ausgefüllt wurden. Diese Befragung deckt damit rund 15 % aller Regionalbanken ab und ist zudem eine von wenigen Studien, die sich speziell auf diese Gruppe fokussiert hat. Haupterkenntnis der Befragung ist, dass insbesondere auf der Ertragsseite bereits viele Banken einen Großteil der genannten Maßnahmen umgesetzt haben. Auf der Aufwandsseite hingegen bieten die Umsetzung der End-to-End-Digitalisierung sowie die tatsächliche Implementierung einer Omnikanal-Strategie noch erhebliches Optimierungspotenzial.

Abschließend liefert Kapitel sechs einen Überblick über verschiedene alternative Geschäftsmodelle, die sich neben den klassischen Finanzdienstleistungsunternehmen in den vergangenen Jahren entwickelt haben. Kapitel sieben gibt Handlungsempfehlungen, wie sich Regionalbanken in den kommenden Jahren positionieren sollten, um auch in Zukunft von ihren Kunden als leistungsfähiger Partner für Finanzdienstleistungen wahrgenommen zu werden. Dafür ist aber ein solides betriebswirtschaftliches Fundament die Grundvoraussetzung.

Für die kommenden Jahre ist zu erwarten, dass Regionalbanken zum einen ihr Geschäftsmodell weiterentwickeln und zum andern aber auch ihren Markenkern als regional verwurzeltes Unternehmen pflegen müssen. Entscheidend wird sein, ob es diesen auch in Zukunft und damit auch mit der weiter zunehmenden Digitalisierung gelingen wird, die Nähe zum Kunden über alle Kanäle hinweg aufrecht zu halten.

Anhang

In diesem Anhang sind zunächst die auf Basis der in Tab. 3.1 dargestellten Szenarien und mit sonst unveränderten Parametern erstellten ROI-Kennzahlensysteme dargestellt (vgl. Abb. A.1, A.2, A.3, A.4, A.5, A.6).

Abb. A.7 veranschaulicht die geografische Verteilung der Hauptstellen von Sparkassen bzw. Genossenschaftsbanken.

Abb. A.8 zeigt den eigens für die Online-Befragung erstellten Fragebogen.

Abb. A.9, A.10 und A.11 liefern detaillierte Informationen zu den einzelnen Untergruppen im Rahmen der Untersuchung des Versicherungsgeschäfts.

P. Pertl, *Regionalbanken zwischen Digitalisierung, Regulierung und Niedrigzinsumfeld*, Edition Bankmagazin,
https://doi.org/10.1007/978-3-658-26889-3

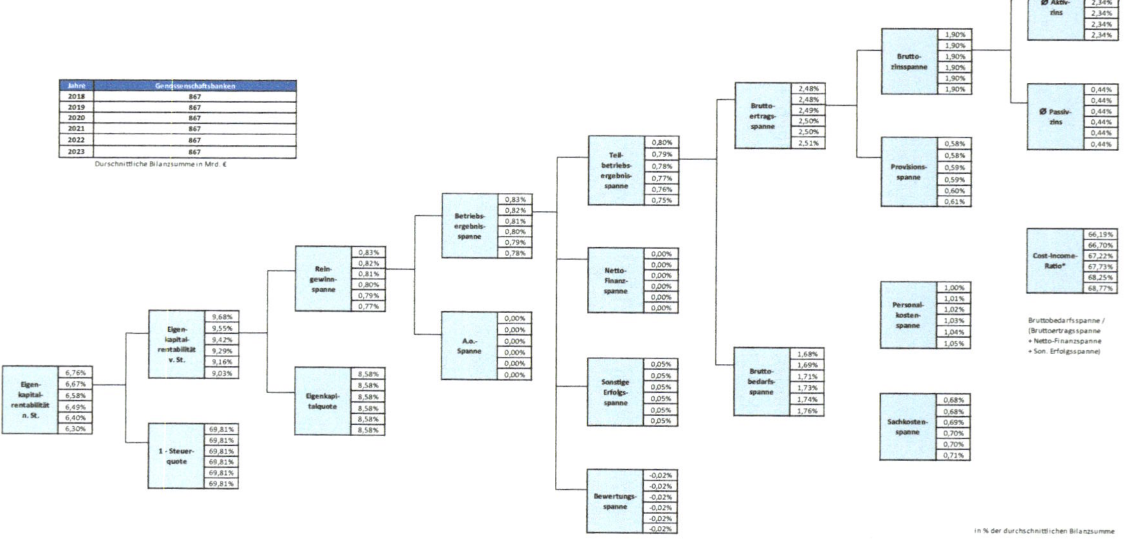

Abb. A.1 ROI-Schema Best Case Gruppe der Genossenschaftsbanken 2018–2023. (Quelle: eigene Darstellung und Berechnung nach Zahlen von o. V. 2018t)

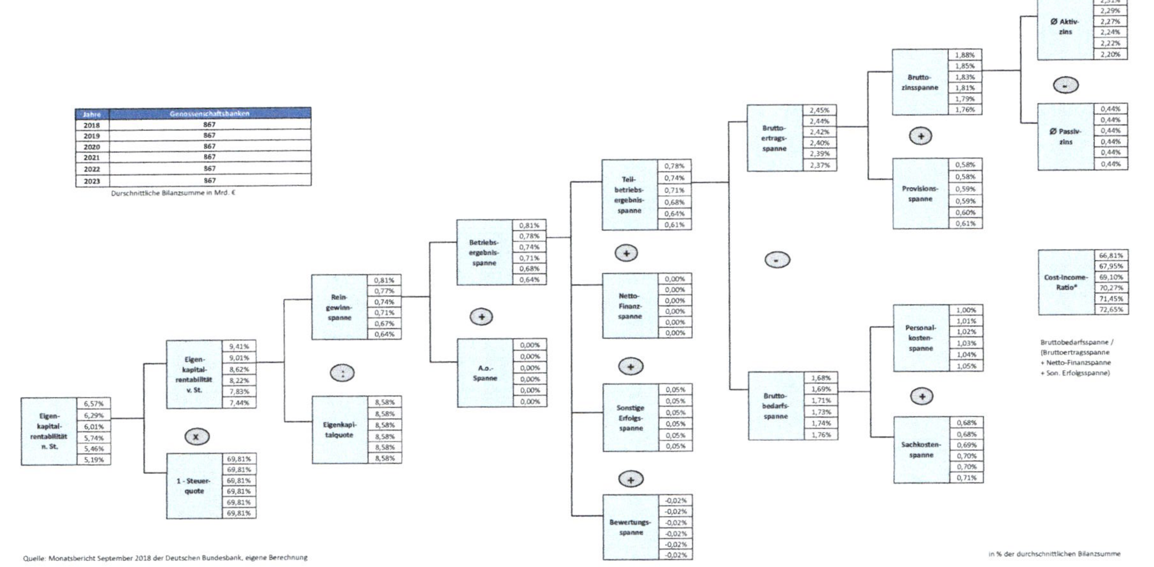

Abb. A.2 ROI-Schema Standard Case Gruppe der Genossenschaftsbanken 2018–2023. (Quelle: eigene Darstellung und Berechnung nach Zahlen von o. V. 2018t)

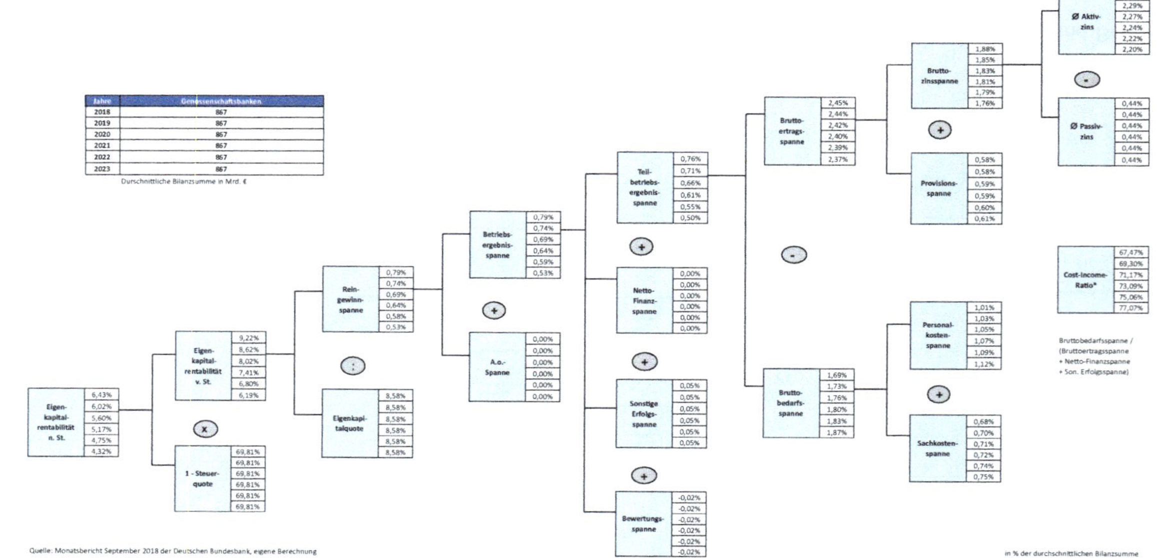

Abb. A.3 ROI-Schema Worst Case Gruppe der Genossenschaftsbanken 2018–2023. (Quelle: eigene Darstellung und Berechnung nach Zahlen von o. V. 2018t)

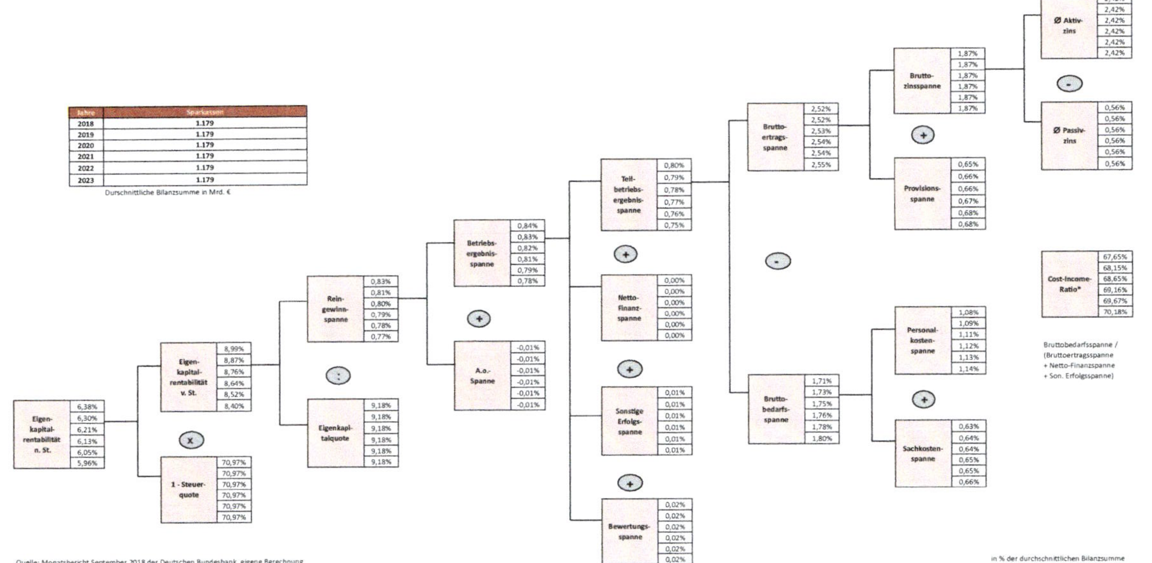

Abb. A.4 ROI-Schema Best Case Gruppe der Sparkassen 2018–2023. (Quelle: eigene Darstellung und Berechnung nach Zahlen von o. V. 2018t)

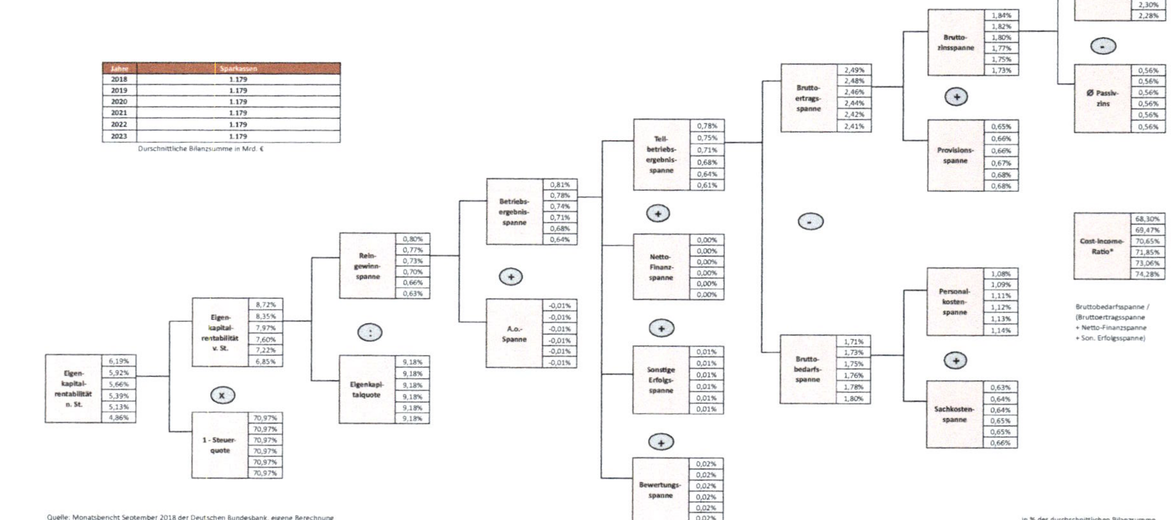

Abb. A.5 ROI-Schema Standard Case Gruppe der Sparkassen 2018–2023. (Quelle: eigene Darstellung und Berechnung nach Zahlen von o. V. 2018t)

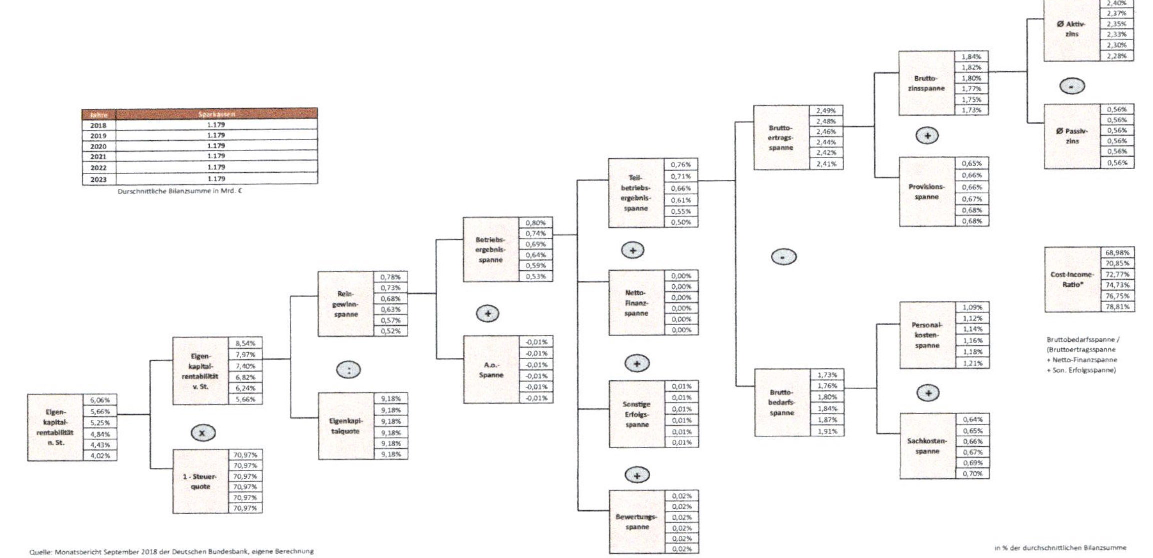

Abb. A.6 ROI-Schema Worst Case Gruppe der Sparkassen 2018–2023. (Quelle: eigene Darstellung und Berechnung nach Zahlen von o. V. 2018t)

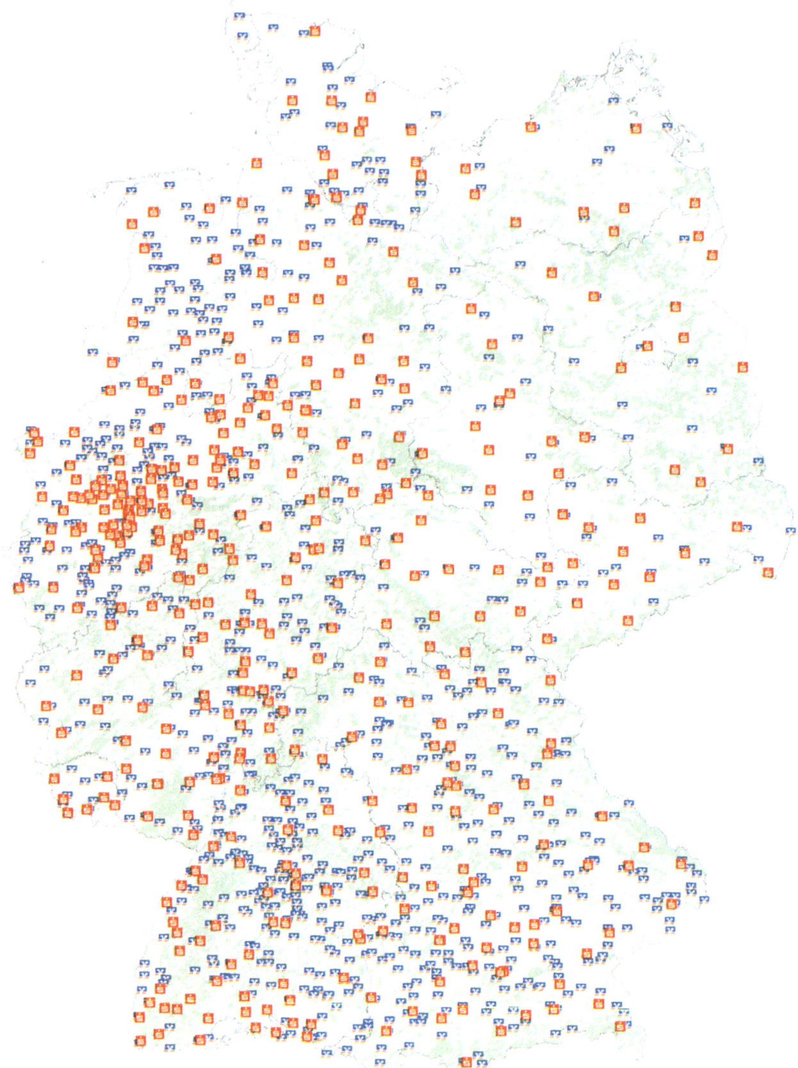

Abb. A.7 Übersicht der Hauptstellen aller Regionalbanken Stand Ende 2017. (Quelle: eigene Darstellung nach Informationen von o. V. 2018r; 2018s)

Allgemeiner Teil

Welcher **Unternehmensgruppe** gehört Ihr Arbeitgeber an?

- Sparkassen
- Volksbanken und Raiffeisenbanken
- Andere Bankengruppe
- Unternehmensberatung
- Sonstige:

‹ Zurück — Eigene Umfragen erstellen mit LamaPoll — Weiter ›

Allgemeiner Teil

Wie hoch ist die **Bilanzsumme** Ihres Arbeitgebers?

- 0 € - 500 Mio. €
- 500 Mio. € - 1.000 Mio. €
- 1.000 Mio. € - 2.000 Mio. €
- 2.000 Mio. € - 5.000 Mio. €
- 5.000 Mio. € - 10.000 Mio. €
- > 10.000 Mio. €

‹ Zurück — Eigene Umfragen erstellen mit LamaPoll — Weiter ›

Allgemeiner Teil

Welche der folgenden **Definitionen** zum Thema **Digitalisierung** ist für Sie im Bankkontext am treffendsten?

- Digitalisierung im Banking bedeutet, Geschäfts- und IT-Prozesse mithilfe relevanter Daten und geeigneter IT-Systeme über alle Kundenkanäle hinweg zu unterstützen und zu automatisieren.
- Digitalisierung im Banking bedeutet, analoge Prozesse digital abzubilden und diese beispielsweise mittels Homepage und App den Kunden zugänglich zu machen.
- Digitalisierung im Banking bedeutet, bisher papierhaft abgelegte Dokumente einzuscannen und zu speichern.
- Eigene Definition:

‹ Zurück — Eigene Umfragen erstellen mit LamaPoll — Weiter ›

Abb. A.8 Fragebogen für Regionalbanken zu den Themen Digitalisierung, Regulierung und Niedrigzinsumfeld. (Quelle: eigene Darstellung unter Verwendung der Plattform LamaPoll)

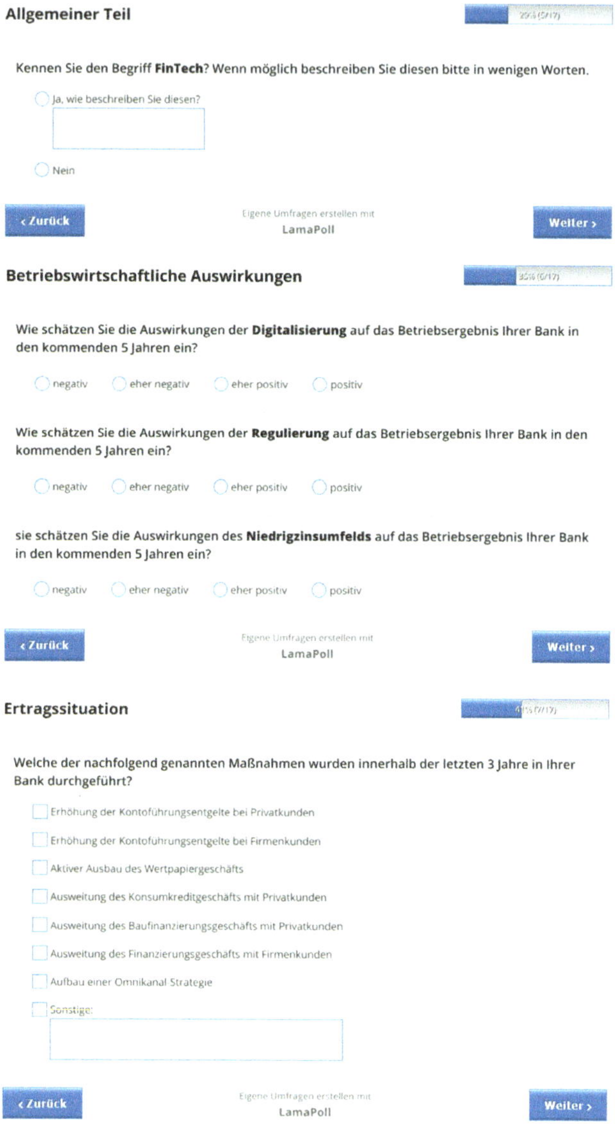

Allgemeiner Teil

Kennen Sie den Begriff **FinTech**? Wenn möglich beschreiben Sie diesen bitte in wenigen Worten.

- Ja, wie beschreiben Sie diesen?
- Nein

‹ Zurück — Eigene Umfragen erstellen mit LamaPoll — Weiter ›

Betriebswirtschaftliche Auswirkungen

Wie schätzen Sie die Auswirkungen der **Digitalisierung** auf das Betriebsergebnis Ihrer Bank in den kommenden 5 Jahren ein?

negativ | eher negativ | eher positiv | positiv

Wie schätzen Sie die Auswirkungen der **Regulierung** auf das Betriebsergebnis Ihrer Bank in den kommenden 5 Jahren ein?

negativ | eher negativ | eher positiv | positiv

sie schätzen Sie die Auswirkungen des **Niedrigzinsumfelds** auf das Betriebsergebnis Ihrer Bank in den kommenden 5 Jahren ein?

negativ | eher negativ | eher positiv | positiv

‹ Zurück — Eigene Umfragen erstellen mit LamaPoll — Weiter ›

Ertragssituation

Welche der nachfolgend genannten Maßnahmen wurden innerhalb der letzten 3 Jahre in Ihrer Bank durchgeführt?

- Erhöhung der Kontoführungsentgelte bei Privatkunden
- Erhöhung der Kontoführungsentgelte bei Firmenkunden
- Aktiver Ausbau des Wertpapiergeschäfts
- Ausweitung des Konsumkreditgeschäfts mit Privatkunden
- Ausweitung des Baufinanzierungsgeschäfts mit Privatkunden
- Ausweitung des Finanzierungsgeschäfts mit Firmenkunden
- Aufbau einer Omnikanal Strategie
- Sonstige:

‹ Zurück — Eigene Umfragen erstellen mit LamaPoll — Weiter ›

Abb. A.8 (Fortsetzung)

Aufwandssituation 47% (8/17)

Welche der nachfolgend genannten Maßnahmen wurden innerhalb der letzten 3 Jahre in Ihrer Bank durchgeführt?

- ☐ Fusion mit einer anderen Bank
- ☐ Schließung bzw. Zusammenlegung von Geschäftsstellen
- ☐ Projekt zum Sachkostenmanagement
- ☐ Projekt zum Personalkostenmanagement
- ☐ Projekt zur End-to-End-Digitalisierung (Verarbeitung von Informationen ohne manuelle Doppeleingaben und Medienbrüchen)
- ☐ Projekt zur Prozessoptimierung
- ☐ Einführung von Negativzinsen für Privatkunden mit hohem Passivvolumen
- ☐ Einführung von Negativzinsen für Firmenkunden mit hohem Passivvolumen
- ☐ Sonstige

‹ Zurück | Eigene Umfragen erstellen mit LamaPoll | Weiter ›

Kommunikations- und Vertriebswege 53% (9/17)

Welche der nachfolgend genannten Kommunikationskanäle bietet Ihre Bank Ihren Kunden an?

- ☐ Filiale
- ☐ Telefon-Kunden-Center
- ☐ Multi-Kontakt-Center (z. B. auch per Chat)
- ☐ Online-Banking
- ☐ Mobile-Banking
- ☐ Video-Beratung
- ☐ E-Mail
- ☐ Sonstige:

‹ Zurück | Eigene Umfragen erstellen mit LamaPoll | Weiter ›

Kommunikations- und Vertriebswege 59% (10/17)

Über welche der nachfolgend genannten Kanäle können Kunden bei Ihnen Serviceaufträge einreichen bzw. Änderungen selbst tätigen (z. B. Änderung der Adresse oder des Freistellungsauftrags)?

- ☐ Filiale
- ☐ Telefon-Kunden-Center
- ☐ Multi-Kontakt-Center
- ☐ Online-Banking
- ☐ Mobile-Banking
- ☐ Video-Beratung
- ☐ E-Mail
- ☐ Sonstige

‹ Zurück | Eigene Umfragen erstellen mit LamaPoll | Weiter ›

Abb. A.8 (Fortsetzung)

Kommunikations- und Vertriebswege

Über welche der nachfolgend genannten Kanäle können Kunden bei Ihnen **einfache Produkte** abschließen bzw. eröffnen (z. B. Girokonto)?

- ☐ Filiale
- ☐ Telefon-Kunden-Center
- ☐ Multi-Kontakt-Center
- ☐ Online-Banking
- ☐ Mobile-Banking
- ☐ Video-Beratung
- ☐ E-Mail
- ☐ Sonstige:

‹ Zurück — Eigene Umfragen erstellen mit LamaPoll — Weiter ›

Kommunikations- und Vertriebswege

Über welche der nachfolgend genannten Kanäle können Kunden bei Ihnen **komplexe Produkte** abschließen bzw. eröffnen (z. B. Baufinanzierung)?

- ☐ Filiale
- ☐ Telefon-Kunden-Center
- ☐ Multi-Kontakt-Center
- ☐ Online-Banking
- ☐ Mobile-Banking
- ☐ Video-Beratung
- ☐ E-Mail
- ☐ Sonstige:

‹ Zurück — Eigene Umfragen erstellen mit LamaPoll — Weiter ›

Kommunikations- und Vertriebswege

Gibt es innerhalb Ihrer Bank eine Person oder eine Abteilung, die sich zentral um alle Themen rund um die Digitalisierung und die Steuerung der verschiedenen Kommunikations- und Vertriebswege kümmert?

- ◯ Ja, die Bezeichnung der Position lautet:
- ◯ Nein, was denken Sie warum nicht?

‹ Zurück — Eigene Umfragen erstellen mit LamaPoll — Weiter ›

Abb. A.8 (Fortsetzung)

Kommunikations- und Vertriebswege

Bieten Sie Ihren Kunden aktiv Online- und/oder Mobile-Banking an?

- [ ] Ja, Online Banking
- [ ] Ja, Mobile-Banking
- [ ] Nein, weil: ______

Wie schätzen Sie die Beratungsfähigkeit der Berater in Ihrer Bank zu den Themen Online- und Mobile-Banking ein?

◯ schlecht ◯ eher schlecht ◯ eher gut ◯ gut

‹ Zurück — Eigene Umfragen erstellen mit LamaPoll — Weiter ›

Prozesse

Wie lange dauert es Ihrer Einschätzung nach, bis ein Kunde sein im Internet eröffnetes Konto nutzen kann?

◯ sofort ◯ 1 Arbeitstag ◯ 2 - 3 Arbeitstage ◯ 4 - 5 Arbeitstage ◯ > 5 Arbeitstage

Muss der Kunde hierfür persönlich in der Filiale vorbei kommen?

◯ Ja ◯ Nein

Stellen Sie den Kunden alle noch papierhaft benötigen Formulare mit den bereits online eingegebenen Informationen zur Verfügung?

◯ Ja ◯ Nein, warum nicht?

Bieten Sie auf Ihrer Homepage einen Baufinanzierungsrechner oder andere Modellrechner an?

◯ Ja ◯ Nein, warum nicht?

‹ Zurück — Eigene Umfragen erstellen mit LamaPoll — Weiter ›

Prozesse

Hat der Kunde bei der Verwendung dieser Tools die Möglichkeit seine Kontaktdaten zu hinterlassen?

◯ Ja ◯ Nein, warum nicht?

Melden Sie sich als Bank aktiv bei Kunden, die diese Tools genutzt haben?

◯ Ja ◯ Nein, warum nicht?

Hat ein Kunde die Möglichkeit beispielsweise eine Baufinanzierung komplett online abzuschließen (ggf. mit Unterstützung von Video-Beratung)?

◯ Ja ◯ Nein, warum nicht?

Stehen dem Berater alle online in diese Tools eingetragenen Informationen digital in seinem Banksystem zur Verfügung?

◯ Ja ◯ Nein, warum nicht?

‹ Zurück — Eigene Umfragen erstellen mit LamaPoll — Weiter ›

Abb. A.8 (Fortsetzung)

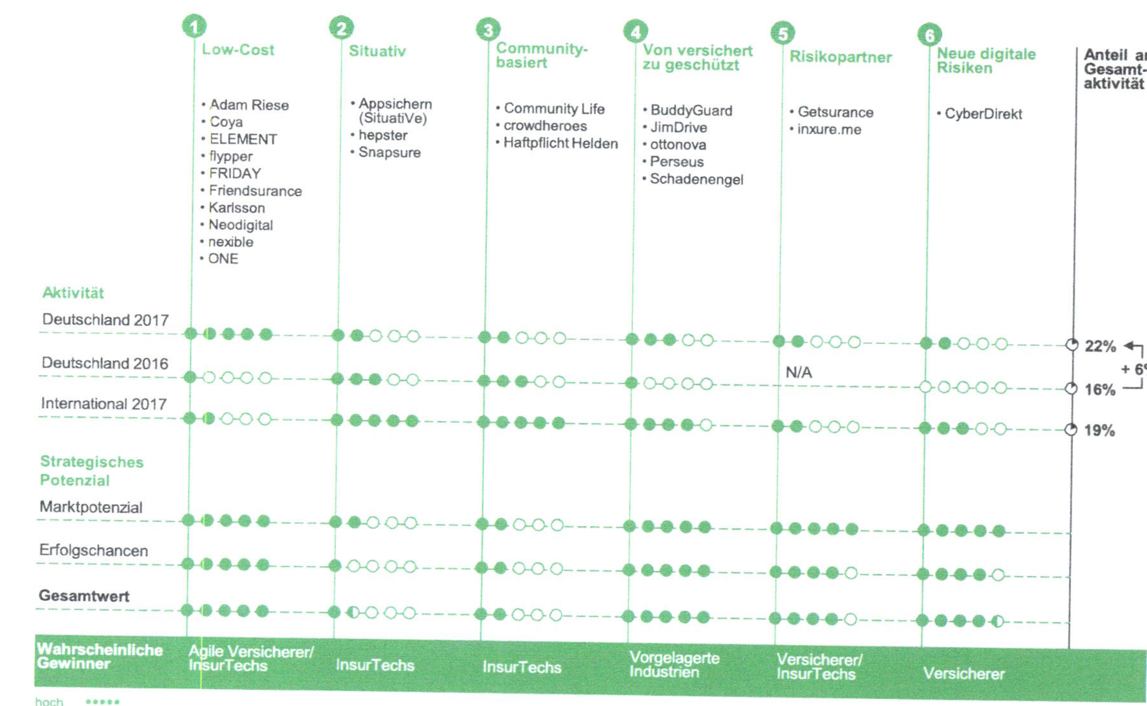

Abb. A.9 Bewertung neuer digitaler Geschäftsmodelle im Versicherungsangebot. (Quelle: Kottmann und Dördrechter 2017)

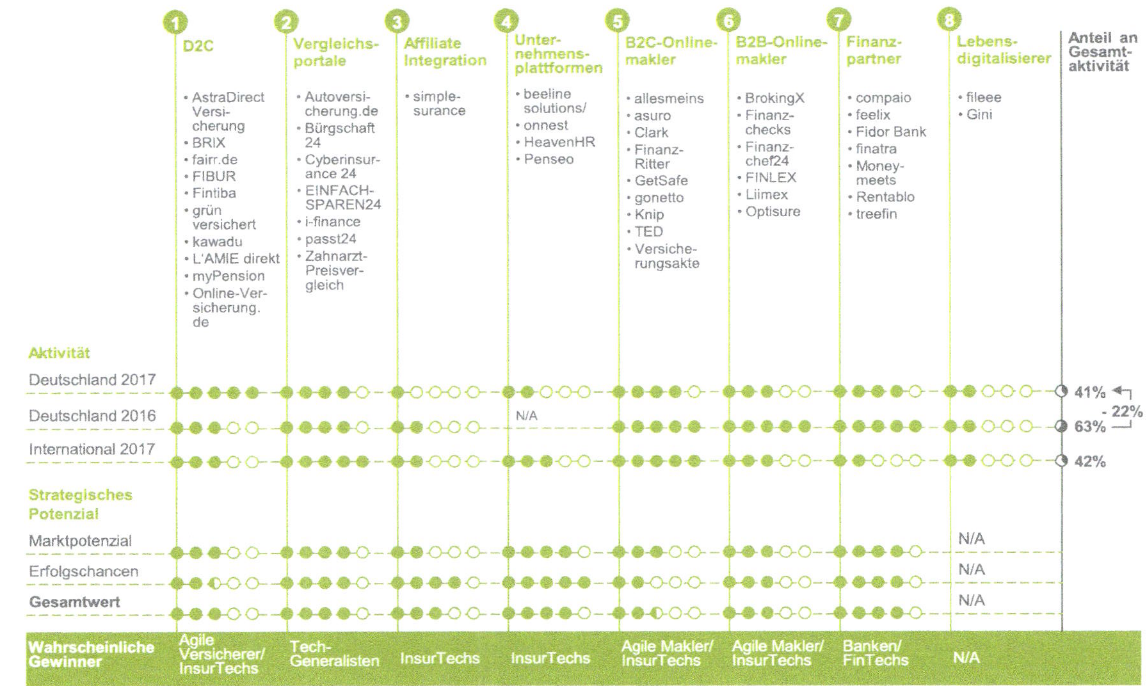

Abb. A.10 Bewertung neuer digitaler Geschäftsmodelle im Versicherungsvertrieb. (Quelle: Kottmann und Dördrechter 2017)

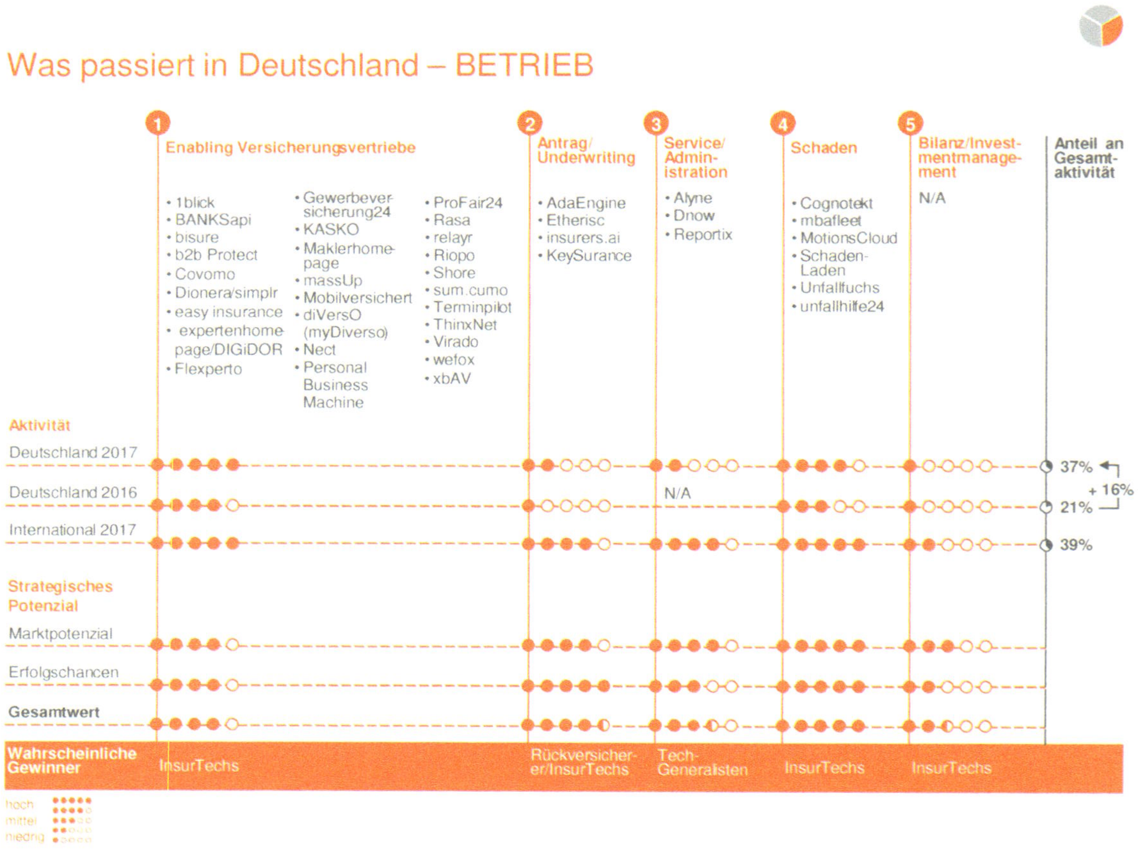

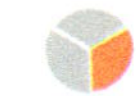

Was passiert in Deutschland – BETRIEB

1 Enabling Versicherungsvertriebe

- 1blick
- BANKSapi
- bisure
- b2b Protect
- Covomo
- Dionera/simplr
- easy insurance
- expertenhome page/DIGiDOR
- Flexperto
- Gewerbeversicherung24
- KASKO
- Maklerhomepage
- massUp
- Mobilversichert
- diVersO (myDiverso)
- Nect
- Personal Business Machine
- ProFair24
- Rasa
- relayr
- Riopo
- Shore
- sum.cumo
- Terminpilot
- ThinxNet
- Virado
- wefox
- xbAV

2 Antrag/Underwriting

- AdaEngine
- Etherisc
- insurers.ai
- KeySurance

3 Service/Administration

- Alyne
- Dnow
- Reportix

4 Schaden

- Cognotekt
- mbafleet
- MotionsCloud
- Schaden-Laden
- Unfallfuchs
- unfallhilfe24

5 Bilanz/Investmentmanagement

N/A

Anteil an Gesamtaktivität

Aktivität

Deutschland 2017 – 37%

Deutschland 2016 – Service/Administration: N/A – 21%

International 2017 – 39%

+ 16%

Strategisches Potenzial

Marktpotenzial

Erfolgschancen

Gesamtwert

Wahrscheinliche Gewinner: 1: InsurTechs – 2: Rückversicherer/InsurTechs – 3: Tech-Generalisten – 4: InsurTechs – 5: InsurTechs

Abb. A.11 Bewertung neue digitaler Geschäftsmodelle im Versicherungsbetrieb. (Quelle: Kottmann und Dördrechter 2017)

Literatur

Adrian, Reinhold; Heidorn, Thomas (2000): Der Bankbetrieb. Lehrbuch und Aufgaben. 15. Auflage. Wiesbaden: Gabler Verlag.

Alt, Rainer; Puschmann, Thomas (2016): Digitalisierung der Finanzindustrie. Grundlagen der Fintech-Evolution. Berlin: Springer Gabler Verlag.

Arts, Vanessa (2016): Aktuelle Herausforderungen für Genossenschaftsbanken. Online verfügbar unter www.ifg-muenster.de/forschen/veroeffentlichungen/2016/material/ap_163_arts.pdf, zuletzt geprüft am 21.04.2019.

Atzler, E.; Brächer, M.; Drost, F. (2016): Das große Filialsterben. In: *Handelsblatt* (140), S. 3. Online verfügbar unter https://www.wiso-net.de/document/HB__295B728D-F823-4CC1-9CA9-6B60357B4DCA%7CHBPM__295B728D-F823-4CC1-9CA9-6B60357B4DCA, zuletzt geprüft am 05.03.2017.

Atzler, Elisabeth (2016): Das innovative Labor der Genossen. Handelsblatt. Online verfügbar unter http://www.handelsblatt.com/unternehmen/banken-versicherungen/dz-bank-das-innovative-labor-der-genossen/14610284.html, zuletzt geprüft am 21.04.2019.

Auge-Dickhut, Stefanie; Baumast, Anette; Fichter, Christian; Koye, Bernhard (2012): Nachhaltigkeit bei Bankgeschäften in der Schweiz. Ergebnisse einer Befragung von Kundinnen und Kunden Schweizer Banken. Zürich: o. V.

Auge-Dickhut, Stefanie; Koye, Bernhard; Liebetrau, Axel (2014): Client Value Generation. Das Züricher Modell der kundenzentrierten Bankarchitektur. Wiesbaden: Springer Gabler Verlag (SpringerLink: Bücher).

Auge-Dickhut, Stefanie; Koye, Bernhard; Liebetrau, Axel (2015): Multichanneling als Kernelement zukunftsfähiger Geschäftsmodelle. Das Züricher Modell der kundenzentrierten Bankarchitektur. In: Harald Brock und Ingo Bieberstein (Hg.): Multi- und Omnichannel-Management in Banken und Sparkassen. Wege in eine erfolgreiche Zukunft. Wiesbaden: Springer Gabler Verlag.

Barsch, Thomas (2016): Mobile Payment: Branchengrenzen verschwinden. In: Marcel Seidel (Hg.): Banking & Innovation 2016. Ideen und Erfolgskonzepte von Experten für die Praxis. Wiesbaden: Springer Gabler Verlag (FOM-Edition, FOM Hochschule für Oekonomie & Management), S. 179–191.

P. Pertl, *Regionalbanken zwischen Digitalisierung, Regulierung und Niedrigzinsumfeld,* Edition Bankmagazin,
https://doi.org/10.1007/978-3-658-26889-3

Bauer, Denise A.; Glos, Alexander (2016): Die zweite Zahlungsdiensterichtlinie. Regulatorische Antwort auf Innovation im Zahlungsverkehrsmarkt. In: *Der Betrieb* (08), S. 456. Online verfügbar unter https://www.wiso-net.de/document/MCDB__DBDBDB1190644, zuletzt geprüft am 01.03.2017.

Beck, Ralf (2015): Wer braucht noch Banken? Wie Start-Ups die Finanzwelt verändern und was uns das nutzt. Kulmbach: Börsenbuchverlag.

Becker, Erik (2016): Kreative Spielwiese. In: *BankInformation* (11), S. 16–21. Online verfügbar unter https://www.wiso-net.de/document/BI__20161101621831919.

Berg, Achim (2018): Digital Banking. bitkom. Online verfügbar unter https://www.bitkom.org/sites/default/files/pdf/Presse/Anhaenge-an-PIs/2018/Bitkom-Praesentation-Digital-Banking-07-05-2018-final.pdf, zuletzt geprüft am 21.04.2019.

Berg, Oliver (2015): Minizinsen und Regulierung belasten Banken zunehmend. Online verfügbar unter http://www.sueddeutsche.de/news/wirtschaft/banken-minizinsen-und-regulierung-belasten-banken-zunehmend-dpa.urn-newsml-dpa-com-20090101-151116-99-08074, zuletzt geprüft am 23.03.2017.

Bergmann, Markus; Vater, Dirk (2016): Loyalität im Privatkundengeschäft: Banken machen mobil. Bain & Company. Online verfügbar unter https://www.bain.com/contentassets/9ea3ca46f3f5453ea019dfaaae8b8887/2016_bain-studie_banken-machen-mobil2.pdf, zuletzt geprüft am 21.04.2019.

Bergmann, Rainer; Bungert, Michael (2012): Strategische Unternehmensführung. Perspektiven, Konzepte, Strategien. 2. Auflage. Berlin, Heidelberg: Springer Gabler Verlag (Lehrbuch).

Berhorst, Ute; Götze, Jörg (2016): Erste Ansätze im Firmenkundengeschäft. In: *BankInformation* (04), S. 54–56.

Berlemann, M.; Oestmann, M.; Thum, M. (2014): Demographic change and bank profitability: empirical evidence from German savings banks. In: *Applied Economics* (46 (1)), S. 79–94.

Bernhardt, Kirsten; Schwartz, Michael (2014): Filialnetz von Deutschlands Banken lichtet sich. KFW. Online verfügbar unter https://www.kfw.de/PDF/Download-Center/Konzernthemen/Research/PDF-Dokumente-Fokus-Volkswirtschaft/Fokus-Nr.-49-M%C3%A4rz-2014.pdf, zuletzt geprüft am 21.04.2019.

Bernhardt, Kirsten; Schwartz, Michael (2015): 25 Jahre freier Bankenmarkt in Ostdeutschland – Deutlicher Rückbau seit Wiedervereinigung. KFW. Online verfügbar unter https://www.kfw.de/PDF/Download-Center/Konzernthemen/Research/PDF-Dokumente-Fokus-Volkswirtschaft/FokusNr.-99-Juli-2015-25-Jahre-Banken-Ost.pdf, zuletzt geprüft am 21.04.2019.

Bitzer, Matthias (2016): Bankkunde werden: Hürden in digitalen Zeiten. In: *Die Bank* (10).

Bloching, Björn; Wege, Egbert; Flemming, Jan; Bloching, Ottmar; Hoffmann, Michael (2015): Digitale Revolution im Retail-Banking. Online verfügbar unter https://www.visa.de/uber-visa/presse-und-news/studiendownload-digitale-revolution-im-retail-banking-107470?returnUrl=%2Fuber-visa%2Fpresse-und-news%2Flisting.aspx, zuletzt geprüft am 28.03.2017.

Blome-Drees, Johannes; Schmale, Ingrid (2004): Unternehmenskultur von Genossenschaftsbanken. Eine empirische Studie. Münster: LIT Verlag (Neue Kölner Genossenschaftswissenschaft, Bd. 1).

Bocks, Barbara (2016): Wenn David und Goliath kooperieren. In: *Bankmagazin* (09), S. 46–48.

Böhm, Markus (2018): Banken schützen sich nicht gut genug gegen Cyberangriffe. Online verfügbar unter http://www.spiegel.de/netzwelt/netzpolitik/bafin-chef-felix-hufeld-banken-tun-zu-wenig-gegen-cyberangriffe-a-1239464.html, zuletzt geprüft am 05.04.2019.

Boße, Werner (2015): Auswirkungen der Niedrigzinsphase bei Sparkassen. Online verfügbar unter https://www.wiwi.uni-muenster.de/fcm/sites/fcm/files/Homepage/Praxis_Foerderer/Schmalenbach_Arbeitskreis/auswirkungen_der_niedrigzinsphase_bei_sparkassen.pdf, zuletzt geprüft am 21.04.2019.

Botsis, Dionysios; Hansknecht, Stephan; Hauke, Christoph; Janssen, Nils; Kaiser, Björn; Rock, Thomas (2015): Kennzahlen und Kennzahlensysteme für Banken. Wiesbaden: Springer Gabler Verlag.

Brinkmann, Stefan K. (2015): Mobile Banking. Einordnung und Entwicklung des mobilen Kanals im Multikanalvertrieb. In: Harald Brock und Ingo Bieberstein (Hg.): Multi- und Omnichannel-Management in Banken und Sparkassen. Wege in eine erfolgreiche Zukunft. Wiesbaden: Springer Gabler Verlag.

Brock, Harald (2015): Vom Mono- zum Multichannel-Management. Nur wer die Vergangenheit kennt, kann die Zukunft erfolgreich gestalten. In: Harald Brock und Ingo Bieberstein (Hg.): Multi- und Omnichannel-Management in Banken und Sparkassen. Wege in eine erfolgreiche Zukunft. Wiesbaden: Springer Gabler Verlag, S. 29–56.

Bruns, Klaus-Peter (2015): Innovationsschub für die genossenschaftliche Bank-IT. In: *Zeitschrift für das gesamte Kreditwesen* (19), S. 26.

Burgi, Arno (2016): Fusion von DZ und WGZ nimmt letzte formale Hürde. Online verfügbar unter http://www.focus.de/regional/nordrhein-westfalen/banken-fusion-von-dz-und-wgz-nimmt-letzte-formale-huerde_id_5774237.html, zuletzt geprüft am 30.03.2017.

Burgmaier, Stefanie (2015): Sparkassenkunden fehlt Finanzwissen. Online verfügbar unter https://www.springerprofessional.de/wertpapiergeschaeft/finanzbranche/sparkassen-kunden-fehlt-finanzwissen/6605924, zuletzt geprüft am 21.04.2019.

Busch, Kea; Eckert, Svea; Hornung, Peter (2019): Geldwäsche mit gekaperten Konten. Probleme bei N26 größer als bekannt. Online verfügbar unter https://www.tagesschau.de/investigativ/ndr/geldwaesche-online-101.html, zuletzt geprüft am 20.04.2019.

Büschgen, Hans E. (1999): Bankbetriebslehre. Bankgeschäfte und Bankmanagement. 5. Auflage. Wiesbaden: Gabler Verlag.

Cartledge, Chuck (2017): Big Data: Data Wrangling Boot Camp. Big Data Vs. Online verfügbar unter https://www.cs.odu.edu/~ccartled/Teaching/2017-Spring/DataWrangling/Presentations/030-bigDataVs.pdf, zuletzt geprüft am 20.04.2019.

Cassala, Christina (2016): Boom in der Fintech-Branche. Große Blase oder echter Game Changer? In: *VentureCapital Magazin* (05), S. 14–19. Online verfügbar unter https://www.wiso-net.de/document/VEC__039AF3870FD45ACA53817F10B9F2C5B8, zuletzt geprüft am 04.03.2017.

Chikova, Daniela; Pratz, Andreas; Castro, Pedro; Hewlett, Peter; Sieczek, Marcin (2014): The 2014 Retail Banking Radar. Cold Front Dissipating. Online verfügbar unter www.atkearney.de/documents/856314/4607946/The+2014+Retail+Banking+Radar-+Cold+Front+Dissipating.pdf/924553ed-d3be-4684-9f25-6ce5fcfd9824, zuletzt geprüft am 21.04.2019.

Coenenberg, Adolf G.; Haller, Axel; Schultze, Wolfgang (2016): Jahresabschluss und Jahresabschlussanalyse. 24. Auflage. Stuttgart: Schäfer-Poeschel Verlag.

Dapp, Thomas F. (2014): Fintech – Die digitale (R)evolution im Finanzsektor. Algorithmenbasiertes Banking mit human touch. Online verfügbar unter https://www.dbresearch.de/PROD/RPS_DE-PROD/PROD0000000000444457/Fintech_%E2%80%93_Die_digitale_%28R%29evolution_im_Finanzsekto.PDF, zuletzt geprüft am 21.04.2019.

Dapp, Thomas F. (2015): Fintech reloaded – Die Bank als digitales Ökosystem. Mit bewährten Walled Garden-Strategien in die Zukunft. Online verfügbar unter https://www.dbresearch.de/PROD/RPS_DE-PROD/PROD0000000000443890/Fintech_reloaded_%E2%80%93_Die_Bank_als_digitales_%C3%96kosyste.pdf, zuletzt geprüft am 21.04.2019.

Dapp, Thomas F.; Strobbe, Anja; Wruuck, Patricia (2013): Die Zukunft des (mobilen) Zahlungsverkehrs. Banken im Wettbewerb mit neuen Internet-Dienstleistern. Online verfügbar unter http://www.forschungsnetzwerk.at/downloadpub/Die_Zukunft_des-mobilen-Zahlungsverkehrs.pdf, zuletzt geprüft am 21.04.2019.

Dohms, Heinz-Roger (2018): Nur 40.000 Transaktionen monatlich – was wird jetzt aus Paydirekt? Online verfügbar unter http://finanz-szene.de/exklusiv-nur-40-000-transaktionen-monatlich-was-wird-jetzt-aus-paydirekt/, zuletzt geprüft am 20.04.2019.

Dombret, Andreas (2014): Die Zukunft der Kreditwirtschaft. Rede auf der 60. Kreditpolitischen Tagung. Online verfügbar unter https://www.bundesbank.de/Redaktion/DE/Reden/2014/2014_11_07_dombret.html, zuletzt geprüft am 20.03.2017.

Dombret, Andreas (2016): Bankenverbünde in neuen Märkten und Regulierungen – Anforderungen und Perspektiven aus Sicht der Bankenaufsicht. Vortrag im Rahmen der Veranstaltungsreihe „Wissenschaft und Praxis im Gespräch" des Instituts für Genossenschaftswesen der Westfälischen Wilhelms-Universität Münster. Online verfügbar unter https://www.bundesbank.de/Redaktion/DE/Reden/2016/2016_01_18_dombret.html?view=render%5BDruckversion%5D, zuletzt geprüft am 30.03.2017.

Dombret, Andreas (2017): Die Niedrigzinspolitik der EZB – Fluch oder Segen für Wirtschaft, Verbraucher und Banken? Vortrag beim Sparkassen-Gesprächsforum. Online verfügbar unter https://www.bundesbank.de/de/presse/reden/die-niedrigzinspolitik-der-ezb-fluch-oder-segen-fuer-wirtschaft-verbraucher-und-banken–711000, zuletzt geprüft am 28.03.2017.

Dorfleitner, Gregor; Hornuf, Lars (2016): FinTech-Markt in Deutschland. Online verfügbar unter http://www.bundesfinanzministerium.de/Content/DE/Standardartikel/Themen/Internationales_Finanzmarkt/2016-11-21-Gutachten-Langfassung.pdf?__blob=publicationFile&v=1, zuletzt geprüft am 21.04.2019.

Dose, Dirk; Schmidt, Julian (2016): Auf die intelligente Verzahnung kommt es an. In: *Die Bank* (06), S. 76–78. Online verfügbar unter https://www.wiso-net.de/document/DIBA__2016060111, zuletzt geprüft am 05.03.2017.

Drummer, Daniel; Jerenz, André; Siebelt, Philipp; Thaten, Mario (2016): FinTech – Challenges and Opportunities. How digitization is transforming the financial sector. Online verfügbar unter https://www.mckinsey.com/~/media/McKinsey/Industries/Financial%20Services/Our%20Insights/FinTech%20Challenges%20and%20Opportunities/FinTech-Challenges%20and%20Opportunities.ashx, zuletzt geprüft am 21.04.2019.

Dümmler, Michael; Steinhoff, Volker (2015): Kundenemanzipation. Folgen für den Multikanalvertrieb von Regionalinstituten. In: Harald Brock und Ingo Bieberstein (Hg.): Multi- und Omnichannel-Management in Banken und Sparkassen. Wege in eine erfolgreiche Zukunft. Wiesbaden: Springer Gabler Verlag.

Durst, Michael; Durst, Carolin (2016): Ein Future-Management-System für das Retail-Banking der Zukunft. In: Marcel Seidel (Hg.): Banking & Innovation 2016. Ideen und Erfolgskonzepte von Experten für die Praxis. Wiesbaden: Springer Gabler Verlag (FOM-Edition, FOM Hochschule für Oekonomie & Management), S. 195–209.

Eim, Alexander (2004): Das Drei-Säulen-System der deutschen Kreditwirtschaft unter besonderer Berücksichtigung des genossenschaftlichen Finanzverbundes. Münster (Arbeitspapiere des Instituts für Genossenschaftswesen an der Westfälischen Wilhelms-Universität). Online verfügbar unter https://www.wiwi.uni-muenster.de/06/nd/fileadmin/documents/workingpapers/AP40.pdf, zuletzt geprüft am 21.04.2019.

Eisgruber, Rainer; Götze, Jörg (2016): Erste Ergebnisse. In: *BankInformation* (10), S. 14–19. Online verfügbar unter https://www.wiso-net.de/document/BI__20161001141913000216.

Endres, Gunter (2016): Moderne Bank auf Rädern ersetzt Kleinstfiliale. In: *Genograph* (05), S. 28.

Engel, Jan; Glaeser, Carlo (2016): Der digital transformierte Mitarbeiter. In: *Die Bank* (03), S. 70–73. Online verfügbar unter https://www.wiso-net.de/document/DIBA__2016030054, zuletzt geprüft am 03.03.2017.

Ettmann, Bernhard; Wolff, Karl (2019): Bankbetriebslehre/ Kompaktwissen Bankbetriebslehre. Kompaktwissen. 27. Auflage 2019. Köln: Bildungsverlag EINS (Bankbetriebslehre).

Fasel, Daniel; Meier, Andreas (2016): Was versteht man unter Big Data und NoSQL? In: Daniel Fasel und Andreas Meier (Hg.): Big Data: Grundlagen, Systeme und Nutzungspotenziale. Wiesbaden: Springer Vieweg Verlag.

Flocke, Louisa; Holland, Heinrich (2014): Die Customer Journey Analyse im Online Marketing. In: Deutscher Dialogmarketing Verband e. V. (Hg.): Dialogmarketing Perspektiven 2013/2014. Tagungsband 8. wissenschaftlicher interdisziplinärer Kongress für Dialogmarketing. Wiesbaden: Springer Gabler Verlag, S. 213–260.

Flott, Karsten (2016): Digitale Transformation im Bankensektor. Großbanken stellen sich auf den mobilen Kunden ein. In: *gi Geldinstitute* (02), S. 32.

Fohrer, Heinz (2016): Aktuelle Herausforderungen im Umfeld aus genossenschaftlicher Banksicht. In: Detlef Hellenkamp und Kai Fürderer (Hg.): Handbuch Bankvertrieb. Theorie und Praxis im Zukunftsdialog. Wiesbaden: Springer Gabler Verlag (EBL-Schweitzer), S. 58–73.

Freese, Thomas (2016): Der Berater bleibt Dreh- und Angelpunkt der Kundenbeziehung. In: *bank und markt* (05), S. 27. Online verfügbar unter https://www.wiso-net.de/document/BUMT__051601027, zuletzt geprüft am 08.03.2017.

Freixas, Xavier; Rochet, Jean-Charles (2008): Microeconomics of banking. 2. Auflage. Cambridge (Massachusetts): MIT Press.

Frühauf, Markus (2016): Deutsche Banken vor dramatischem Wandel. Frankfurter Allgemeine Zeitung (80). Online verfügbar unter https://www.wiso-net.de/document/FAZW__FR1201604064821260, zuletzt geprüft am 07.04.2019.

Gellrich, Tom; Grella, Jonas; Hiebsch, Johannes; Weghöft, Lennard (2015): Crowdbanking. Die Potenziale von Social Media für deutsche Banken. In: Harald Brock und Ingo Bieberstein (Hg.): Multi- und Omnichannel-Management in Banken und Sparkassen. Wege in eine erfolgreiche Zukunft. Wiesbaden: Springer Gabler Verlag, S. 305–320.

Gerth, Andreas (2016): Erfolgsfaktor Mensch. In: *BankInformation* (11), S. 74–77. Online verfügbar unter https://www.wiso-net.de/document/BI__2016110174771352820.

Glenk, Hartmut (2013): Genossenschaftsrecht. u. a. mit Genossenschaftsgesetz. 5. Auflage. München: Deutscher Taschenbuch Verlag (dtv, 5584: Beck-Texte im dtv).

Götzl, Stephan (2016): Das Geschäftsmodell der Volksbanken und Raiffeisenbanken im digitalen Zeitalter. In: Detlef Hellenkamp und Kai Fürderer (Hg.): Handbuch Bankvertrieb. Theorie und Praxis im Zukunftsdialog. Wiesbaden: Springer Gabler Verlag (EBL-Schweitzer), S. 4–22.

Grabner, Constantin; Tiwari, Rajnish; Buse, Stephan (2016): Perspektiven des Mobile Banking in Deutschland. Implikationen auf Basis einer Untersuchung von Angebot, Nutzern und Umfeld. Wiesbaden: Springer Gabler Verlag.

Gramlich, Ludwig (2012): Gabler Banklexikon. Bank – Börse – Finanzierung. 14. Auflage. Wiesbaden: Springer Gabler Verlag.

Graupner, Enrico; Mädche, Alexander; Simon, Henrik (2016): Durch Kundenorientierung Online-Quoten steigern. In: *Die Bank* (12), S. 36–39. Online verfügbar unter https://www.wiso-net.de/document/DIBA__2016120273.

Grill, Wolfgang; Perczynski, Hans; Int-Veen, Thomas (2016): Wirtschaftslehre des Kreditwesens. 50. Auflage. Köln: Bildungsverlag EINS.

Gubitz, Benjamin (2013): Das Ende des Landesbankensektors. Der Einfluss von Politik Management und Sparkassen. Wiesbaden: Springer Gabler Verlag (SpringerLink: Bücher).

Guinnane, Timothy W. (2013): Zwischen Selbsthilfe und Staatshilfe: Die Anfänge genossenschaftlicher Zentralbanken in Deutschland (1864–1914). In: Institut für Bankhistorische Forschung (Hg.): Die Geschichte der DZ Bank. Das genossenschaftliche Zentralbankwesen in Deutschland vom 19. Jahrhundert bis heute. München: C.H. Beck.

Habdank, Philipp (2018): Die neuen Fintech-Strategien der Banken. Online verfügbar unter https://www.finance-magazin.de/banking-berater/banking/die-neuen-fintech-strategien-der-banken-2018441/, zuletzt geprüft am 20.04.2019.

Hach, Wolfgang; Steger, Sebastian; Möbus, Dirk (2016a): Zukunftssicherung durch End-to-End-Digitalisierung. In: *Die Bank* (06), S. 36–40. Online verfügbar unter https://www.wiso-net.de/document/DIBA__2016060102, zuletzt geprüft am 29.02.2017.

Hach, Wolfgang; Steger, Sebastian; Möbus, Dirk; Panizza, Philipp (2016b): Plan D – konsequent digital. Wie Finanzdienstleister durch End-to-End-Digitalisierung ihre Zukunft sichern. Roland Berger. Online verfügbar unter https://www.rolandberger.com/publications/publication_pdf/roland_berger_end_to_end_digitalisierung_d_20160301.pdf, zuletzt geprüft am 21.04.2019.

Hackethal, Andreas; Inderst, Roman (2015): Auswirkungen der Regulatorik auf kleinere und mittlere Banken am Beispiel der deutschen Genossenschaftsbanken. Gutachten im Auftrag des Bundesverbandes der Deutschen Volksbanken und Raiffeisenbanken – BVR. Online verfügbar unter http://www.bvr.de/p.nsf/0/EA57402CCD1BAC9FC1257ECF00349466/$file/GUTACHTEN-BVR2015.pdf, zuletzt geprüft am 31.03.2019.

Hartmann-Wendels, Thomas; Pfingsten, Andreas; Weber, Martin (2019): Bankbetriebslehre. 7. Auflage. Berlin: Springer (Lehrbuch). Online verfügbar unter http://www.springer.com/.

Heesen, Bernd; Gruber, Wolfgang (2016): Bilanzanalyse und Kennzahlen. Fallorientierte Bilanzoptimierung. 5. Auflage. Wiesbaden: Springer Gabler Verlag.

Heil, Patrick (2016): Strategische Ausrichtung einer Regionalbank: Im Kontext der Digitalisierung. In: *BankPraktiker* (11).

Heiß, Fabian (2016): Erster GenoHackathon. In: *BankInformation* (04), S. 16–19. Online verfügbar unter https://www.wiso-net.de/document/BI__20160401161969O420.

Hellenkamp, Detlef (2015): Bankwirtschaft. Wiesbaden: Springer Gabler Verlag (Lehrbuch).

Hellenkamp, Detlef (2016): Generation Y: Bankkunden im Zeitalter der Digitalisierung. In: Detlef Hellenkamp und Kai Fürderer (Hg.): Handbuch Bankvertrieb. Theorie und Praxis im Zukunftsdialog. Wiesbaden: Springer Gabler Verlag (EBL-Schweitzer), S. 383–394.

Henk, Alexander; Holthaus, Jens-Uwe (2015): Herausforderungen. Zukunftsorientierte Neuausrichtung des Vertriebs von Banken und Sparkassen. In: Harald Brock und Ingo Bieberstein (Hg.): Multi- und Omnichannel-Management in Banken und Sparkassen. Wege in eine erfolgreiche Zukunft. Wiesbaden: Springer Gabler Verlag, S. 61–73.

Herzberg, Frederick (1966): Work and the nature of man. Cleveland: Ty Crowell Co. Verlag.

Hessenmüller, Jörg (2016): Zwischen Innovation und Datenschutz: Daten als Treibstoff für schnelles, bequemes und individuelles Banking. In: *Zeitschrift für das gesamte Kreditwesen* (22), S. 40–43.

Hientzsch, Ralph; Bocken, Ralf (2016): Geschäftsmodelle zukunftsfähig machen. In: *Die Bank* (04), S. 36–37. Online verfügbar unter https://www.wiso-net.de/document/DIBA__2016040063, zuletzt geprüft am 09.03.2017.

Holscher, Reinhold; Erdmann, Ulrike; Weidmann, Otto; Saffenreuther, Jens (2017): Definition Strukturbeitrag. Online verfügbar unter http://wirtschaftslexikon.gabler.de/Archiv/14005/strukturbeitrag-v7.html, zuletzt geprüft am 21.04.2019.

Iser, Juric Caspar (2019): Leitzins soll bis zum Sommer unverändert bleiben. Online verfügbar unter https://www.zeit.de/wirtschaft/2019-01/ezb-leitzins-null-prozent-euro, zuletzt geprüft am 31.03.2019.

Jánszky, Sven Gábor (2016): Die Neuvermessung der Werte und die Kundensegmente für Sparkassen in der Digital-Ära. DSGV. Online verfügbar unter https://www.dsgv.de/de/presse/termine/sparkassentag2016/gastbeitrag_janszky.html, zuletzt geprüft am 30.03.2017.

Jentsch, Stefan A. (2016): Banken-Technologie. Anforderungen an die Bank der Zukunft. In: Detlef Hellenkamp und Kai Fürderer (Hg.): Handbuch Bankvertrieb. Theorie und Praxis im Zukunftsdialog. Wiesbaden: Springer Gabler Verlag (EBL-Schweitzer), S. 369–380.

Johnen, Raffael (2019): FinTech auxmoney übertrifft Ziele für 2018. Online verfügbar unter https://www.auxmoney.com/de/finanzpilot/fintech-auxmoney-uebertrifft-ziele-fuer-2018/, zuletzt geprüft am 19.04.2019.

Jonietz, Christiane; Penzel, Hans-Gert; Peters, Anja (2015): Die Zukunft der Anlageberatung: Der Bankkunde im Omnikanal zwischen Beratung und Selbstbedienung. In: Claudia Linnhoff-Popien, Michael Zaddach und Andreas Grahl (Hg.): Marktplätze im Umbruch. Digitale Strategien für Services im Mobilen Internet. Berlin, Heidelberg: Springer Vieweg Verlag, S. 95–106.

Kardys, Dennis (2014): Entwicklung von der Einkanal-Strategie hin zur Omnikanal-Strategie, zuletzt geprüft am 05.04.2019.

Kilian, Dietmar; Mirski, Peter (Hg.) (2016): Digital Selling. Erfolgreiche Strategien und Werkzeuge für B2B-Marketing und Vertrieb. Wien: Linde Verlag (Linde international).

Kirsch, Sebastian (2019): Fintechs werden erwachsen. wiwo. Online verfügbar unter https://www.wiso-net.de/document/WWON__WW%2023822070, zuletzt geprüft am 20.04.2019.

Kirsch, Wolfgang (2017): Rede von Wolfgang Kirsch anlässlich der Bilanzpressekonferenz am 07.03.2017. DZ Bank. Online verfügbar unter https://www.dzbank.de/content/dzbank_de/de/library/presselibrary/dz_bank/2017/2017_03_07_Vorlaeufige_Geschaeftszahlen_2016.DownloadLink.preview.html?download=9VJrEyDqQfoEnfnmYp-c8QFy9k6dQjkeF82ARxI8Bt-9LqnQ7THFHi92fPYVM_QpGRMff6_P59Zc0tp5tEF-roATuzqyFdSTjSEnSscYVZBIkp5tFWyaUKej82-_nw2_mLCLtdtrN8Btc, zuletzt geprüft am 21.04.2019.

Kirsch, Wolfgang; Wolberg, Hans-Bernd (2016): Zusammenwachsen und zusammen wachsen. Die vereinigten genossenschaftlichen Zentralbanken – Stärker als zwei Zentralinstitute. In: *Börsen-Zeitung* (107), B3.

Klenk, Peter; Ströppel, Jörn (2019): Pricing Excellence – zentrale Entscheidungsfelder und Erfolgsfaktren. In: Peter Klenk (Hg.): Ihr Weg zur PRICING EXCELLENCE. Heidelberg: Finanz Colloquium Heidelberg, S. 9–17.

Koch, Jörg; Gebhardt, Peter; Riedmüller, Florian (2016): Marktforschung. Grundlagen und praktische Anwendungen. 7. Auflage. Berlin, Boston: De Gruyter Verlag (De Gruyter Studium).

Köhler, Christina; Weber, Mathias (2013): Die Finanz- und Wirtschaftskrise. Ursachen, Folgen und Interventionen. In: Oliver Quiring, Hans Mathias Kepplinger, Mathias Weber und Stefan Geiß (Hg.): Lehman Brothers und die Folgen. Berichterstattung zu wirtschaftlichen Interventionen des Staates. Wiesbaden: VS Verlag für Sozialwissenschaften, S. 13–26.

Köhler, Matthias (2015): Ertragssteigerung für Genossenschaftsbanken und Sparkassen. In: *bank und markt* (07), S. 30–33.

Kohlleppel, Laurenz (2017): Die Niedrigzinsphase und ihre disruptive Wirkung auf das Bankgeschäft. In: *Zeitschrift für das gesamte Kreditwesen* (03), S. 126. Online verfügbar unter https://www.wiso-net.de/document/ZFGK__021701037.

Kölsch, Martin (2015): Direktbanken: Banking für den digitalen Kunden. In: Silke Bartsch und Christian Blümelhuber (Hg.): Always Ahead im Marketing. Offensiv, digital, strategisch. Wiesbaden: Springer Gabler Verlag, S. 263–270.

Kottmann, Dieter; Dördrechter, Nikolai (2017): ZUKUNFT VON INSURTECH IN DEUTSCHLAND. DER INSURTECH RADAR 2017. Online verfügbar unter https://www.oliverwyman.de/content/dam/oliver-wyman/v2-de/publications/2017/dez/InsurTech-Radar2017.pdf, zuletzt geprüft am 21.04.2019.

Kottmann, Dietmar; Dördrechter, Nikolai (2016): Zukunft von InsurTechs in Deutschland. Der InsureTech-Radar. Oliver Wyman. Online verfügbar unter http://www.oliverwyman.de/content/dam/oliver-wyman/europe/germany/de/insights/publications/2016/jul/Oliver_Wyman_Policen%20Direkt_Insurtech-Radar.pdf, zuletzt geprüft am 30.03.2017.

Krempl, Stefan (2016): Schwere Sicherheitsmängel beim Bank-Startup N26 aufgedeckt. Online verfügbar unter https://www.heise.de/newsticker/meldung/33C3-Schwere-Sicherheitsmaengel-beim-Bank-Startup-N26-aufgedeckt-3582313.html, zuletzt geprüft am 21.04.2019.

Kring, Thorn (2016): Zwischen New Work und Digitalisierung. In: *BankInformation* (04), S. 30–33. Online verfügbar unter https://www.wiso-net.de/document/BI__2016040130331424037, zuletzt geprüft am 05.03.2017.

Krupp, Walter; Pick, Doreén (2016): Disruptives Potenzial. In: *BankInformation* (06), S. 66–69. Online verfügbar unter https://www.wiso-net.de/document/BI__2016060166691475921.

Kühne, Anja (2015): Zwei Welten nähern sich an. In: *Bankmagazin* (09), S. 22–25.

Lammenett, Erwin (2017): Praxiswissen Online-Marketing. Affiliate- und E-Mail-Marketing, Suchmaschinenmarketing, Online-Werbung, Social Media, Facebook-Werbung. 6. Auflage. Wiesbaden: Springer Gabler Verlag.

Lange, Grit (2016): Ein verborgener Schatz. In: *Sparkassen Markt* 24 (02), S. 22–23.

Lehmann, Stefan (2016): Der Kunde entscheidet. In: *BankInformation* (10), S. 24–25. Online verfügbar unter https://www.wiso-net.de/document/BI__201610012425756721.

Leitner, Jochen (2016): Alternative zur Schließung. In: *BankInformation* (11), S. 54–55. Online verfügbar unter https://www.wiso-net.de/document/BI__201611015455627526.

Lieberknecht, Jürgen (2016): Digitalisierung und Regulierung: Katalysatoren eines sich wandelnden Bankgeschäftes. In: Detlef Hellenkamp und Kai Fürderer (Hg.): Handbuch Bankvertrieb. Theorie und Praxis im Zukunftsdialog. Wiesbaden: Springer Gabler Verlag (EBL-Schweitzer), S. 25–37.

Lindemann, Volker (2016): Mehr Digitalisierung wagen. In: *Die Bank* (09), S. 56, zuletzt geprüft am 08.03.2017.

Lindmayer, Philipp; Karl, Maximilian; Dietz, Hans-Ulrich (2016): Geldanlage und Steuer 2016. Erfolgreich bei wechselnden Rahmenbedingungen agieren. Wiesbaden: Springer Gabler Verlag (Gabler Geldanlage u. Steuern).

Lipphardt, Ulf; Mihm, Oliver (2016): Der Spagat. In: *BankInformation* (08), S. 14–19. Online verfügbar unter https://www.wiso-net.de/document/BI__2016080114191699010.

Lippold, Dirk (2015): Theoretische Ansätze der Personalwirtschaft. Ein Überblick. Wiesbaden: Springer Gabler Verlag.

Lis, Bettina; Korchmar, Simon (2013): Digitales Empfehlungsmarketing. Konzeption, Theorien und Determinanten zur Glaubwürdigkeit des Electronic Word-of-Mouth (EWOM). Wiesbaden: Springer Gabler Verlag (SpringerLink: Bücher).

Löber, Dominik (2012): Private Banking in Deutschland. Strategie und Organisationsarchitektur. Wiesbaden: Springer Gabler Verlag (Research).

Löneke, Paul; Stegmüller, Thomas (2013): Von der Orts- zur Regionalbank. In: *BankInformation* (06), S. 64–69. Online verfügbar unter https://www.wiso-net.de/document/BI__2013060164691482230.

Lukas, Andreas (2004): Unternehmensbewertung und intellektuelles Kapital. Preisfindung im Mergers & Acquisitions-Prozess. Berlin: Erich Schmidt Verlag (Personal, Organisation, Management, 11).

Lütke-Uhlenbrock, Christian (2007): Bewertung öffentlich-rechtlicher Sparkassen. Frankfurt am Main: Deutscher Universitätsverlag.

Mäder, Patrick; Franke, Markus (2015): Smart Analytics. Neue Möglichkeiten für Finanzdienstleister in der digitalen Welt. In: Harald Brock und Ingo Bieberstein (Hg.): Multi- und Omnichannel-Management in Banken und Sparkassen. Wege in eine erfolgreiche Zukunft. Wiesbaden: Springer Gabler Verlag.

Mändle, Eduard; Mändle, Markus (2017): Das Regionalprinzip von Genossenschaftsbanken und Sparkassen. Online verfügbar unter http://wirtschaftslexikon.gabler.de/Archiv/14972/regionalprinzip-v7.html, zuletzt geprüft am 21.04.2019.

Markgraf, Daniel (2017): Definition Prosumer. Online verfügbar unter http://wirtschaftslexikon.gabler.de/Archiv/143860/prosumer-v6.html, zuletzt geprüft am 21.04.2019.

Martl, Florian; Pertl, Patrick (2019): Erlösnavigator – betriebswirtschaftliche Potenziale gezielt nutzen. In: Peter Klenk (Hg.): Ihr Weg zur PRICING EXCELLENCE. Heidelberg: Finanz Colloquium Heidelberg, S. 63–72.

Marx, Arno (2016): ADG unterstützt auf allen Ebenen. In: *Börsen-Zeitung* (107), B10. Online verfügbar unter https://www.wiso-net.de/document/BOEZ__2016107716, zuletzt geprüft am 09.03.2017.

Massari, Philipp (2007): Das Wettbewerbsrecht der Banken. Die Regulierung des Wettbewerbs der Banken durch Kartellrecht, Bankaufsichtsrecht und Lauterkeitsrecht. Berlin: De Gruyter Verlag Recht (Schriften zum europäischen und internationalen Privat-, Bank- und Wirtschaftsrecht, Bd. 16).

Matt, Christian; Hess, Thomas; Benlian, Alexander (2015): Digital Transformation Strategies. In: *Bus Inf Syst Eng* 57 (05), S. 339–343. https://doi.org/10.1007/s12599-015-0401-5.

Maurer, Thomas (2016): Erfolgsfaktoren von Genossenschaftsbanken. Eine Analyse auf Basis von Jahresabschlüssen und regionalen Wirtschaftsdaten. Wiesbaden: Springer Gabler Verlag.

Mausbach, Carmen (2016): Corporate Banking im Wandel. Die Digitalisierungswelle nutzen. Online verfügbar unter http://www.ppi.de/fileadmin/user_upload/Consulting_Banken/Presse/Strategie_Digitalisierung_sFirmenberatung_aktuell_08_2016.pdf, zuletzt geprüft am 21.04.2019.

Meffert, Heribert; Pohlkamp, André; Böckermann, Florian (2010): Wettbewerbsperspektiven des Kundenbeziehungsmanagements im Spannungsfeld wissenschaftlicher Erkenntnisse und praktischer Exzellenz. In: Dominik Georgi und Karsten Hadwich (Hg.): Management von Kundenbeziehungen. Perspektiven, Analysen, Strategien, Instrumente. Unter Mitarbeit von Manfred Bruhn. Wiesbaden: Gabler Verlag, S. 3–26.

Mehring, Siegfried (2015): Wie Regulierung und Aufsicht das genossenschaftliche Geschäftsmodell beeinflussen. In: *Zeitschrift für das gesamte Kreditwesen* (19), S. 39–41.

Merker, Uwe (2016): Profitieren vom mobilen Bargeld. In: *BankInformation* (07), S. 53–55. Online verfügbar unter https://www.wiso-net.de/document/BI__20160701535510131 31.

Meuche, Thomas (2012): Hilfe zur Selbsthilfe, Firmenkunden bei der Bewältigung demografischer Herausforderungen unterstützen. In: *BankInformation* (09), S. 26–28.

Meybom, Peter (2012): Bessere Planung in fünf Phasen. Betriebswirtschaftliche Blätter (11). Online verfügbar unter https://www.sparkassenzeitung.de/bessere-planung-in-fuenf-phasen/150/26/25961/1, zuletzt geprüft am 20.03.2017.

Mihm, Oliver (2017): Mehr als nur an Gebühren schrauben. In: *Börsen-Zeitung* (28), S. 2.

Mihm, Oliver; Frank, Björn (2016a): Wieviel Filiale braucht der Kunde? In: *Die Bank* (09), S. 44–47. Online verfügbar unter https://www.wiso-net.de/document/DIBA__2016090157.

Mihm, Oliver; Frank, Björn (2016b): Zukunft der Filiale – wie digital will der Kunde es wirklich? In: *bank und markt* (07), S. 35. Online verfügbar unter https://www.wiso-net.de/document/BUMT__071601033, zuletzt geprüft am 06.03.2017.

Mihm, Oliver; Frank, Björn; Jacobs, Bettina (2010): Wertvolle Preisentscheider. In: *Bankmagazin* (09), S. 22–24.

Moormann, Jürgen (2009): Wertschöpfungsmanagement in Banken. Lehr- und Lernbuch. 3. Auflage. Frankfurt am Main: Frankfurt School Verlag.

Mussler, Hanno (2017): Das Risiko steigender Zinsen. Frankfurter Allgemeine Zeitung. Online verfügbar unter http://www.faz.net/aktuell/wirtschaft/kommentar-das-risiko-steigender-zinsen-14708189.html, zuletzt geprüft am 21.04.2019.

Muthers, Helmut (2014): Megatrend „Gesellschaftliche Alterung". Das 1x1 zum Erfolg bei der Generationen 50plus. In: Klaus Fleischer (Hg.): Trends im Private Banking. Köln: Bank-Verlag, S. 189–229.

Neubacher, Bernd (2016): Es hapert an interner Digitalisierung. In: *Börsen-Zeitung* (111), S. 2. Online verfügbar unter https://www.wiso-net.de/document/BOEZ__2016111009, zuletzt geprüft am 04.03.2017.

Neubäumer, Renate (2011): Eurokrise: Keine Staatsschuldenkrise, sondern Folge der Finanzkrise. In: *Wirtschaftsdienst* 91 (12), S. 827–833.

Neuhaus, Carla (2016): Zurück in die Zukunft. Weil Kunden wegbleiben und die Kosten steigen, schließen Banken Filialen und suchen ein neues Geschäftsmodell. In: *Der Tagesspiegel* (22848), S. 20. Online verfügbar unter https://www.wiso-net.de/document/TSP__20160814102290 27%7CTSPH__2016081410229027%7CTSPN__2016081410229027, zuletzt geprüft am 04.03.2017.

Neumann, Anne Katrin (2014): CRM mit Mitarbeitern erfolgreich umsetzen. Aufgaben, Kompetenzen und Maßnahmen der Unternehmen. Wiesbaden: Springer Gabler Verlag (Research).

Neumann, Nico (2003): Annäherung von Kreditgenossenschaften und Sparkassen – Möglichkeiten und Grenzen –. München: GRIN Verlag.

Niehage, Frank (2016): FinTechs erobern die Bankenwelt. In: Oliver Everling und Robert Lempka (Hg.): Finanzdienstleister der nächsten Generation. Megatrend Digitalisierung: Strategien und Geschäftsmodelle. Frankfurt am Main: Frankfurt School Verlag, S. 33–46.

o. V. (2014): Risikolage im deutschen Finanzsystem. Schaubilder und Tabellen aus dem Finanzstabilitätsbericht 2014. Online verfügbar unter https://www.bundesbank.de/resource/blob/664280/d2b9d9ceb7a7d8083713d498fc6bb48d/mL/2014-finanzstabilitaetsbericht-data.pdf, zuletzt geprüft am 21.04.2019.

o. V. (2015): Die Ertragslage der deutschen Kreditinstitute im Jahr 2014. Deutsche Bundesbank. Online verfügbar unter https://www.bundesbank.de/resource/blob/615438/35f41f32ba4711de47112ab5956225f0/mL/2015-09-ertragslage-kreditinstitute-data.pdf, zuletzt geprüft am 07.04.2019.

o. V. (2016a): Finanzentscheider im Haushalt 2016. bbw Marketing Dr. Vossen. Online verfügbar unter http://www.bbwmarketing.de/finanzstudien/finanzentscheider-im-haushalt-2016/, zuletzt geprüft am 29.03.2017.

o. V. (2016b): Finanzstabilitätsbericht 2016. Online verfügbar unter https://www.bundesbank.de/resource/blob/665130/c8232c913e349e8e6debc1b9ccc1f4eb/mL/2016-finanzstabilitaetsbericht-data.pdf, zuletzt geprüft am 30.04.2019.

o. V. (2016c): Gesetz zur Umsetzung der Richtlinie über die Vergleichbarkeit von Zahlungskontoentgelten, den Wechsel von Zahlungskonten sowie den Zugang zu Zahlungskonten mit grundlegenden Funktionen (17). Online verfügbar unter http://www.bgbl.de/xaver/bgbl/start.xav?startbk=Bundesanzeiger_BGBl&jumpTo=bgbl116s0720.pdf, zuletzt geprüft am 30.04.2019.

o. V. (2016d): Präsentation zur Pressekonferenz des BVR bei der Vorstellung des Jahresabschlusses 2015. BVR. Online verfügbar unter https://www.bvr.de/p.nsf/0/DD3B27A2F9EB1FDFC1257FE7002728DA/$file/BVR%20PK%20Juli%202016_Pr%C3%A4sentation.pdf, zuletzt geprüft am 30.04.2019.

o. V. (2016e): Softwarepanne bei der Deutschen Bank. Fehler beim Online-Banking. T-Online. Online verfügbar unter http://www.t-online.de/computer/software/id_78016112/deutsche-bank-softwarepanne-verursacht-chaos-beim-online-banking.html, zuletzt geprüft am 30.04.2019.

o. V. (2016f): „Wie bei einer Droge“: Experten erwarten jahrelange Niedrigzins-Diktatur der EZB. „Noch mindestens fünf weitere Jahre“. Online verfügbar unter http://www.focus.de/finanzen/news/auf-dauer-schaedlich-schaeuble-warnt-vor-langer-niedrigzinsphase-experten-haben-boese-vorahnung_id_5868078.html, zuletzt geprüft am 30.04.2019.

o. V. (2017a): 700 FinTechs. Das Wachstum geht weiter. Online verfügbar unter https://www.comdirect.de/cms/ueberuns/media/comdirect_Fintech-Studie_2017_Berichtsband.pdf, zuletzt geprüft am 20.04.2019.

o. V. (2017b): Banken müssen beim Kontowechsel helfen. Verbraucherzentrale. Online verfügbar unter https://www.verbraucherzentrale.de/bank-wechseln, zuletzt geprüft am 30.04.2019.

o. V. (2018): Sparkassen-Finanzgruppe in Zahlen. DSGV. Online verfügbar unter https://www.dsgv.de/bin/servlets/sparkasse/download?path=%2Fcontent%2Fdam%2Fdsgv-de%2Fsparkassen-finanzgruppe%2Fdownloads%2Ffinanzbericht%2FFlyer+2018.pdf&name=Gesch%C3%A4ftszahlen%20-%20Zahlen%20und%20Fakten%202018.pdf, zuletzt geprüft am 01.07.2019.

o. V. (2018a): Angebotene Bezahlverfahren von Online-Shops in Deutschland. ibi research. Online verfügbar unter https://de.statista.com/statistik/daten/studie/933439/umfrage/auf-der-startseite-beworbene-bezahlverfahren-in-online-shops-in-deutschland/, zuletzt geprüft am 14.04.2019.

o. V. (2018b): Anzahl Banken Stand Januar 2018. Online verfügbar unter https://www.bundesbank.de/resource/blob/764704/9b2f579009aeac3b2a490050d3520049/mL/bankstellenbericht-2017-data.pdf, zuletzt geprüft am 17.03.2019.

o. V. (2018c): Banken knausern bei Schutz gegen Hacker-Angriffe. Online verfügbar unter https://www.handelsblatt.com/finanzen/banken-versicherungen/it-sicherheit-banken-knausern-bei-schutz-gegen-hacker-angriffe/23658458.html?ticket=ST-834192-3oQTZk5ZSEEx6ZeqV6qN-ap5, zuletzt geprüft am 05.04.2019.

o. V. (2018d): Beschäftigte im Kreditgewerbe Stand 31.12.2017. Online verfügbar unter https://www.agvbanken.de/agvbanken/Statistik/2018_Statistik_Beschaeftigte.pdf, zuletzt geprüft am 07.01.2019.

o. V. (2018e): Bevorzugte Zahlungsmethoden bei Online-Einkäufen. DPD. Online verfügbar unter https://de.statista.com/statistik/daten/studie/677035/umfrage/bevorzugte-zahlungsmethoden-beim-online-einkauf-in-deutschland/, zuletzt geprüft am 14.04.2019.

o. V. (2018f): comdirect FinTech-Studie: Neuer Rekord beim eingesammelten Risikokapital. Online verfügbar unter https://www.it-finanzmagazin.de/comdirect-fintech-studie-neuer-rekord-beim-eingesammelten-risikokapital-79534/, zuletzt geprüft am 20.04.2019.

o. V. (2018g): Deutsche Datenschützer drohen Facebook. Handelsblatt. Online verfügbar unter https://www.handelsblatt.com/politik/deutschland/datenweitergabe-deutsche-datenschuetzer-drohen-facebook/22627276.html, zuletzt geprüft am 05.04.2019.

o. V. (2018h): Deutsche Finanz-Start-ups sammeln Rekordgelder ein. Handelsblatt. Online verfügbar unter https://www.handelsblatt.com/finanzen/banken-versicherungen/fintech-deutsche-finanz-start-ups-sammeln-rekordgelder-ein/23201352.html?ticket=ST-2762804-Vt4chg2ftzNWxs4TrRue-ap5, zuletzt geprüft am 14.04.2019.

o. V. (2018i): Deutscher Sparkassen und Giroverband. Geschäftszahlen – Zahlen & Fakten 2017. Online verfügbar unter https://www.dsgv.de/bin/servlets/sparkasse/download?path=%2Fcontent%2Fdam%2Fdsgv-de%2Fsparkassen-finanzgruppe%2Fdownloads%2FDSGV-FB-2017-Geschaeftszahlen.pdf&name=Gesch%C3%A4ftszahlen%20 2017.pdf, zuletzt geprüft am 07.01.2019.

o. V. (2018j): Die Ertragslage der deutschen Kreditinstitute im Jahr 2017. Deutsche Bundesbank. Online verfügbar unter https://www.bundesbank.de/resource/blob/759806/73b1edc6d411dd1db2c079d26fb9c249/mL/2018-09-ertragslage-data.pdf, zuletzt geprüft am 07.04.2019.

o. V. (2018k): Finanzkennzahlen – Deutsche Apotheker- und Ärztebank. Online verfügbar unter https://www.apobank.de/ihre-apobank/investor-relations-de/finanzkennzahlen.html, zuletzt geprüft am 07.01.2019.

o. V. (2018l): FinTech-Kooperationsradar. Online verfügbar unter https://www.pwc.de/de/finanzdienstleistungen/pwc-fintech-kooperationsradar-2018.pdf, zuletzt geprüft am 20.04.2019.

o. V. (2018m): FinTechs im Überblick. Online verfügbar unter https://venturescannerinsights.files.wordpress.com/2018/10/financial-technology-map.jpg, zuletzt geprüft am 14.04.2019.

o. V. (2018n): Geschäftsbericht 2017 DZ Bank. Online verfügbar unter http://www.geschaeftsbericht.dzbank.de/, zuletzt geprüft am 07.01.2019.

o. V. (2018o): Geschäftsbericht BBBank eG. Online verfügbar unter https://www.bbbank.de/content/dam/f0125-0/NEU-PDF/Presse-Center/Geschaeftsbericht/BBBank_GB2017_final.pdf, zuletzt geprüft am 07.01.2019.

o. V. (2018p): Häufig gestellte Fragen zur Fusion von DG HYP und WL BANK. Informationen zur DZ HYP. Online verfügbar unter https://www.dzhyp.de/fileadmin/user_upload/Dokumente/Investor_Relations/Investoren-FAQ/DZHYP_Investoren_FAQ_deutsch.pdf, zuletzt geprüft am 20.04.2019.

o. V. (2018q): InsurTechs im Überblick. Online verfügbar unter https://venturescannerinsights.files.wordpress.com/2018/10/insurance-technology-map.jpg, zuletzt geprüft am 14.04.2019.

o. V. (2018r): Liste aller Sparkassen per Ende 2017. Online verfügbar unter https://www.dsgv.de/content/dam/dsgv-de/sparkassen-finanzgruppe/downloads/Sparkassenrangliste_2017_Stand_April_2018.pdf, zuletzt geprüft am 07.01.2019.

o. V. (2018s): Liste aller Volksbanken und Raiffeisenbanken per Ende 2017. BVR. Online verfügbar unter https://www.bvr.de/p.nsf/0/D3E488DF22571CECC1257D0A005439B7/$file/Liste_AlleBanken.pdf, zuletzt geprüft am 07.01.2019.

o. V. (2018t): Monatsbericht der Deutschen Bundesbank September 2018. Deutsche Bundesbank. Online verfügbar unter https://www.bundesbank.de/resource/blob/759804/9c53ce2c87bfb16297665b148a0e5c5f/mL/2018-09-monatsbericht-data.pdf, zuletzt geprüft am 07.04.2019.

o. V. (2018u): Übersicht Kreditinstitute und Bankstellen. Online verfügbar unter https://bankenverband.de/statistik/banken-deutschland/kreditinstitute-und-bankstellen/#chart-7, zuletzt geprüft am 07.01.2019.

o. V. (2018v): Von Experten der EZB erstellte gesamtwirtschaftliche Projektionen für das Euro -Währungsgebiet. Online verfügbar unter https://www.ecb.europa.eu/pub/pdf/other/ecb.ecbstaffprojections201809.de.pdf?c9b29e2d09d7121267169444c7f8554a, zuletzt geprüft am 08.01.2019.

o. V. (2018w): Zahlungsinstitute und E-Geld-Institute. Online verfügbar unter https://www.bundesbank.de/de/aufgaben/bankenaufsicht/einzelaspekte/zahlungsinstitute, zuletzt geprüft am 30.04.2019.

o. V. (2019): DESTATISTA: 13. koordinierte Bevölkerungsvorausberechnung. Online verfügbar unter https://service.destatis.de/bevoelkerungspyramide/#!y=2060&v=2&o=2019v1, zuletzt geprüft am 31.03.2019.

o. V. (2019a): Anzahl Beschäftigte im Kreditgewerbe 2002–2015. Online verfügbar unter https://bankenverband.de/statistik/banken-deutschland/beschaeftigte/, zuletzt geprüft am 07.01.2019.

o. V. (2019b): Anzahl der Bausparverträge bei den Bausparkassen in Deutschland in den Jahren von 1975 bis 2018 (in 1.000). Statista. Online verfügbar unter https://de.statista.com/statistik/daten/studie/20011/umfrage/anzahl-der-bausparvertraege-bei-bausparkassen-in-deutschland/, zuletzt geprüft am 07.04.2019.

o. V. (2019c): Anzahl der Transaktionen über PayPal weltweit im Jahr 2018. Online verfügbar unter https://de.statista.com/statistik/daten/studie/300192/umfrage/transaktionen-ueber-paypal-weltweit-quartalszahlen/, zuletzt geprüft am 17.03.2019.

o. V. (2019d): Arbeitswelt 2020. Online verfügbar unter https://www.haufe.com/vision/mitarbeiterzentriertes-betriebssystem, zuletzt geprüft am 30.04.2019.

o. V. (2019e): Aufsichtsrecht (BaFin-Lizenz). Online verfügbar unter http://www.winheller.com/bankrecht-finanzrecht/aufsichtsrecht-bafin-lizenz.html, zuletzt geprüft am 17.03.2019.

o. V. (2019f): Aufwand- und Ertragsrelation nach Bankengruppen. Deutsche Bundesbank. Online verfügbar unter https://www.bundesbank.de/resource/blob/650286/6bf9e88047400a2d4af46be83fdc0c31/mL/guv-tab4-data.pdf, zuletzt geprüft am 07.04.2019.

o. V. (2019g): Banklizenz. Online verfügbar unter http://www.winheller.com/bankrecht-finanzrecht/aufsichtsrecht-bafin-lizenz/banklizenz-beantragung.html, zuletzt geprüft am 17.03.2019.

o. V. (2019h): Betriebsergebnisse und Bilanzsummen nach Bankengruppen. Deutsche Bundesbank. Online verfügbar unter https://www.bundesbank.de/resource/blob/650248/ae885eb48621bd1eb6812cbe38a165fc/mL/guv-tab1-data.pdf, zuletzt geprüft am 07.04.2019.

o. V. (2019i): Bilanzsumme der Banken in Deutschland Stand Dezember 2017. Online verfügbar unter https://de.statista.com/statistik/daten/studie/75598/umfrage/bilanzsumme-der-banken-nach-gruppen-in-deutschland-november-2009/, zuletzt geprüft am 07.01.2019.

o. V. (2019j): Definition FinTech. Online verfügbar unter https://en.oxforddictionaries.com/definition/fintech, zuletzt geprüft am 30.04.2019.

o. V. (2019k): Der Robo-Advisor-Markt wird erwachsen – erste Anzeichen für Konsolidierungen? Online verfügbar unter https://www.investorsinside.de/der-robo-advisor-markt-wird-erwachsen-erste-anzeichen-fuer-konsolidierungen/, zuletzt geprüft am 20.04.2019.

o. V. (2019l): Entwicklung der Lebenserwartung bei Geburt in Deutschland nach Geschlecht in den Jahren von 1950 bis 2060 (in Jahren). Online verfügbar unter https://de.statista.com/statistik/daten/studie/273406/umfrage/entwicklung-der-lebenserwartung-bei-geburt–in-deutschland-nach-geschlecht/, zuletzt geprüft am 30.04.2019.

o. V. (2019m): Ertragslage und Eigenkapitalrentabilität der deutschen Kreditinstitute nach Bankengruppen. Online verfügbar unter https://www.bundesbank.de/resource/blob/650324/a8c725a7198ea867dcc66138878d7325/mL/guv-tab6-data.pdf, zuletzt geprüft am 07.04.2019.

o. V. (2019n): Euro-Zone: Inflationsrate von Februar 2018 bis Februar 2019 (gegenüber dem Vorjahresmonat). Online verfügbar unter https://de.statista.com/statistik/daten/studie/72328/umfrage/entwicklung-der-jaehrlichen-inflationsrate-in-der-eurozone/, zuletzt geprüft am 31.03.2019.

o. V. (2019o): FinTech Deutschland. Statista. Online verfügbar unter https://de.statista.com/outlook/295/137/fintech/deutschland, zuletzt geprüft am 14.04.2019.

o. V. (2019p): Genossenschaftliche Werte. Online verfügbar unter https://www.vr.de/privatkunden/was-wir-anders-machen/genossenschaftliche-werte.html, zuletzt geprüft am 30.04.2019.

o. V. (2019q): Geschichte der Genossenschaftsbanken. Online verfügbar unter https://www.dzbank.de/internet_static/history/index.html, zuletzt geprüft am 17.03.2019.

o. V. (2019r): Geschichte der Sparkassen-Finanzgruppe. Online verfügbar unter https://www.dsgv.de/_download_gallery/Material/Geschichte_SFG_DSGV.pdf, zuletzt geprüft am 17.03.2019.

o. V. (2019s): Gesetzestext: Gewerbeordnung § 34f Finanzvermittler. Online verfügbar unter https://www.gesetze-im-internet.de/gewo/__34f.html, zuletzt geprüft am 17.03.2019.

o. V. (2019t): Gesetzestext: Gewerbeordnung § 34h Honorar-Finanzanlagenberater. Online verfügbar unter https://www.gesetze-im-internet.de/gewo/__34h.html, zuletzt geprüft am 17.03.2019.

o. V. (2019u): Gesetzestext: Kreditwesengesetz § 32 Erlaubnis. Online verfügbar unter https://www.gesetze-im-internet.de/kredwg/__32.html, zuletzt geprüft am 17.03.2019.

o. V. (2019v): Jährliche Kosten für ein Girokonto in Europa nach Ländern. Statista. Online verfügbar unter https://de.statista.com/statistik/daten/studie/37859/umfrage/jaehrliche-kosten-fuer-ein-girokonto-in-europa/, zuletzt geprüft am 07.04.2019.

o. V. (2019w): Kredite der Banken in Deutschland an Unternehmen und Privatpersonen von 2001 bis zum 4. Quartal 2018 (in Milliarden Euro). Statista. Online verfügbar unter https://de.statista.com/statistik/daten/studie/72495/umfrage/kredite-der-banken-in-deutschland-an-unternehmen-und-privatpersonen/, zuletzt geprüft am 19.04.2019.

o. V. (2019x): Kreditprojekte nach Verwendungszweck bei auxmoney. Online verfügbar unter https://www.auxmoney.com/infos/statistiken, zuletzt geprüft am 19.04.2019.

o. V. (2019y): Mercedes-Benz Bank. Online verfügbar unter https://www.mercedes-benz-bank.de/de.html, zuletzt geprüft am 21.04.2019.

o. V. (2019z): Monatliche Beitragsausgaben privater Haushalte in Deutschland für Versicherungen von 2009 bis 2017 (in Euro). Online verfügbar unter https://de.statista.com/statistik/daten/studie/538496/umfrage/monatliche-ausgaben-privater-haushalte-in-deutschland-fuer-versicherungen/, zuletzt geprüft am 07.04.2019.

o. V. (2019aa): N26. Online verfügbar unter https://n26.com/presse/?lang=de, zuletzt geprüft am 17.03.2019.

o. V. (2019ab): Robo-Advisors. Online verfügbar unter https://de.statista.com/outlook/337/137/robo-advisors/deutschland, zuletzt geprüft am 20.04.2019.

o. V. (2019ac): So funktionieren Genossenschaftsbanken. Online verfügbar unter https://www.vr.de/privatkunden/was-wir-anders-machen/genossenschaftsbank.html, zuletzt geprüft am 21.04.2019.

o. V. (2019ad): VisualVest startet mit guter Performance ins dritte Lebensjahr. Online verfügbar unter https://www.visualvest.de/blog/2019/visualvest-startet-mit-guter-performance-ins-dritte-lebensjahr/, zuletzt geprüft am 21.04.2019.

o. V. (2019ae): Zahlungsdiensteaufsichtsgesetz. Online verfügbar unter http://www.gesetze-im-internet.de/zag_2018/BJNR244610017.html#BJNR244610017BJNG000200000, zuletzt geprüft am 30.04.2019.

O'Neil, Dominic (2016): Rates put Germany's financial ecosystem at risk. In: *Euromoney* (11), S. 54–57.

Oberle, Simon (2015): Interaktive Finanzberatung. Filiale, Online & Co. im Multikanal. In: Harald Brock und Ingo Bieberstein (Hg.): Multi- und Omnichannel-Management in Banken und Sparkassen. Wege in eine erfolgreiche Zukunft. Wiesbaden: Springer Gabler Verlag.

Oelling, Alexander; Oelling, Judith; Brock, Harald (2015): iBeacon. Neue Chancen der Kundenansprache für Banken und Sparkassen im Multi- und Omnichannel-Management. In: Harald Brock und Ingo Bieberstein (Hg.): Multi- und Omnichannel-Management in Banken und Sparkassen. Wege in eine erfolgreiche Zukunft. Wiesbaden: Springer Gabler Verlag, S. 297–304.

Ohlmeyer, Dietrich; Philipowski, Rüdiger (1992): Verschmelzung von Genossenschaften, insbesondere von Kreditgenossenschaften. 5. Auflage. Wiesbaden: DG Verlag.

Pohl, Elke (2017): Kunden reisen durch die Kanäle. In: *Bankmagazin* (01), S. 34–36.

Pohl, Hans (2001): Die rheinischen Sparkassen. Entwicklung und Bedeutung für Wirtschaft und Gesellschaft von den Anfängen bis 1990. Stuttgart: Steiner Verlag (Eine Veröffentlichung des Rheinischen Sparkassen- und Giroverbandes).

Popp, Nico (2019): auxmoney: Kreditvolumen einer mittelgroßen Sparkasse. Online verfügbar unter https://www.geld-digital.de/news/auxmoney-kreditvolumen-sparkasse/, zuletzt geprüft am 19.04.2019.

Porter, Michael E. (2014): Wettbewerbsvorteile. Spitzenleistungen erreichen und behaupten. 8. Auflage. Frankfurt am Main: Campus Verlag.

Praeg, Claus-Peter; Schmidt, Carsten (2016): Trendstudie Bank & Zukunft 2016. Neue Wege gehen. Stuttgart: Fraunhofer Verlag.

Pufahl, Mario (2015): Sales Performance Management. Exzellenz im Vertrieb mit ganzheitlichen Steuerungskonzepten. Wiesbaden: Springer Gabler Verlag.

Rederer, Thomas (2016): Zeitenwende. nichts ist mehr wie vorher. In: *gi Geldinstitute* (06), 32+33.

Reichmayr, Christian; Baur, Irene (2015): It's the digital, stupid. Herausforderungen für Banken. In: Claudia Linnhoff-Popien, Michael Zaddach und Andreas Grahl (Hg.): Marktplätze im Umbruch. Digitale Strategien für Services im Mobilen Internet. Berlin, Heidelberg: Springer Vieweg Verlag, S. 63–71.

Richmann, Stefan (2013): Chancen für die Volksbanken und Raiffeisenbanken. Bundesweite Demografiestudie. In: *marketing intern* (01), S. 10–12.

Runia, Peter M.; Wahl, Frank; Geyer, Olaf; Thewißen, Christian (2015): Marketing. Prozess- und praxisorientierte Grundlagen. 4. Auflage. Berlin, Boston: De Gruyter Verlag.

Sauer, David; Fehr, Mark; Kirsch, Sebastian (2016): Von allen Banken verlassen. In: *WirtschaftsWoche* (26), S. 20. Online verfügbar unter https://www.wiso-net.de/document/WW__149C09C1-3222-43B5-9E7D-032D3418D6F3, zuletzt geprüft am 01.03.2017.

Schabel, Markus (2016): Mitarbeiter. Sparkassen als Arbeitgeber – Ein Thema für den Verbund. In: *bank und markt* (08), S. 18. Online verfügbar unter https://www.wiso-net.de/document/BUMT__081601029.

Schäder, Barbara (2016): Das Handy als Geldbeutel. Stuttgarter Nachrichten. Online verfügbar unter https://www.stuttgarter-nachrichten.de/inhalt.mobiles-bezahlen-das-handy-als-geldbeutel.547695ce-be4f-40dd-bf0d-b324e97fb6a6.html, zuletzt geprüft am 21.04.2019.

Schax, Elke (2008): Strategieorientierte Personalentwicklung in Genossenschaftsbanken. Eine empirische Untersuchung zur betrieblichen Weiterbildung. Wiesbaden: Deutscher Universitätsverlag (SpringerLink: Bücher).

Schertler, Walter (2012): Strategisches Affinity-Group-Management. Entwicklung serviceorientierter Community-Geschäftsmodelle. 2. Auflage. Wiesbaden: Springer Gabler Verlag (Lehrbuch).

Schlenk, Casper Tobias (2019): 80.000 Euro weg – und dann ist N26 kaum erreichbar. Online verfügbar unter https://www.welt.de/wirtschaft/gruenderszene/article190977413/N26-80-000-Euro-durch-Phishing-weg-und-die-Bank-ist-kaum-erreichbar.html, zuletzt geprüft am 20.04.2019.

Schmale (2016a): Die Dorfbank und die große Regulierung. Online verfügbar unter http://www.faz.net/aktuell/finanzen/kleinste-bank-deutschlands-in-gefahr-14092778.html, zuletzt geprüft am 21.04.2019.

Schmale, Oliver (2016b): Entwicklung der Bauinvestitionen in Deutschland in den Jahren 2000 bis 2015 (in Milliarden Euro). Online verfügbar unter https://de.statista.com/statistik/daten/studie/192151/umfrage/entwicklung-der-bauinvestitionen-in-deutschland-seit-1991/, zuletzt geprüft am 30.03.2017.

Schmid, Thilo (2016): Strategie Girokonto. In: *Sparkassen Markt* 24 (02), S. 14–15.

Schönenstein, Jörg (2017): Omni-Channel, Multi-Channel, Cross-Channel – reine Auslegungssache oder Entwicklung? Online verfügbar unter https://www.liveanddev.de/work/omni-channel-multi-channel-cross-channel-reine-auslegungssache-oder-entwicklung, zuletzt geprüft am 05.05.2019.

Schöning, Stephan (2017): Definition Trennbankensystem. Online verfügbar unter http://wirtschaftslexikon.gabler.de/Archiv/2360/commercial-bank-v9.html, zuletzt geprüft am 21.04.2019.

Schwab, Stefan (2014): Das Private-Banking-Angebot der genossenschaftlichen Finanz-Gruppe. ein zukunftsweisendes Kooperationsmodell. In: Heike Brost, Martin Faust und Wolfgang J. Reittinger (Hg.): Private Banking und Wealth Management. Strategien und Erfolgsfaktoren. 3. Auflage. Frankfurt am Main: Frankfurt School Verlag.

Siebertz, Paul; Drechsler, Dirk (1998): Formen eines Direktbank-Angebotes und seine Auswirkungen auf das Vertriebssystem. In: Joachim Süchting und Hans Michael Heitmüller (Hg.): Handbuch des Bankmarketing. 3. Auflage. Wiesbaden: Gabler Verlag, S. 195–216.

Siedenbiedel, Christian (2017a): Gebühren fürs Geldverwahren. Negativzinsen für Firmenkunden. Online verfügbar unter https://www.faz.net/aktuell/finanzen/immer-mehr-unternehmen-sollen-negativzinsen-zahlen-15143955.html, zuletzt geprüft am 31.03.2019.

Siedenbiedel, Christian (2017b): Wie sich Negativzinsen auf die Einlagen auswirken. Online verfügbar unter http://www.faz.net/aktuell/finanzen/meine-finanzen/sparen-und-geld-anlegen/eine-erste-bilanz-der-negativzinsen-fuer-privatkunden-14868041.html, zuletzt geprüft am 31.03.2019.

Sinn, Walter; Schmundt, Wilhelm (2016): Deutschlands Banken 2016. Die Stunde der Entscheider. Bain & Company. Online verfügbar unter https://www.bain.com/contentassets/7857d773569343949df3f77e7e6ba86d/bain-studie_deutschlands_banken_2016_ds_final2.pdf, zuletzt geprüft am 21.04.2019.

Stalla, Claudia (2015): Multikanalstrategie. Optimierung des Multikanalvertriebs in mittelständischen Finanzinstituten. In: Harald Brock und Ingo Bieberstein (Hg.): Multi- und Omnichannel-Management in Banken und Sparkassen. Wege in eine erfolgreiche Zukunft. Wiesbaden: Springer Gabler Verlag, S. 209–223.

Stegmüller, Thomas (2016): In Investmentfragen müssen viele Banken aufrüsten. In: *FONDS professionell* (02).

Stegmüller, Thomas; Lechner, Frauke; Schlütz, Frauke (2015): Von der Orts- zur Regionalbank. Teil 1 Erfolgsfaktoren bei Fusionen von Genossenschaftsbanken. Online verfügbar unter http://www.compentus-gmbh.de/studie-bestellen/, zuletzt geprüft am 21.04.2019.

Stegmüller, Thomas; Schlütz, Frauke; Pertl, Patrick; Morof, Alexander (2016): Von der Orts- zur Regionalbank. Teil 2 Projektion möglicher Verschmelzungsprozesse bei Genossenschaftsbanken. Online verfügbar unter http://www.compentus-gmbh.de/studie-bestellen/, zuletzt geprüft am 21.04.2019.

Stiehler, Andreas; Möckel, Kathrin; Schabel, Frank (2016): Banken im digitalen Wandel. Neue Themen, Kompetenzen und Strukturen – Eine empirische Studie. Online verfügbar unter https://www.hays.de/documents/10192/118775/hays-studie-branchenreport-banken-2016.pdf/5c5b5373-1cf6-41ee-93f7-4d75803b32ea, zuletzt geprüft am 30.03.2017.

Strand, Olav (2016): Kognitive Kollegen gestalten die Bank von morgen. In: *Die Bank* (10).

Swoboda, Uwe C. (2004): Retail-Banking und Private Banking. Zukunftsorientierte Strategien im Privatkundengeschäft. 3. Auflage. Frankfurt am Main: Bankakademie-Verlag (Kompendium bankbetrieblicher Anwendungsfelder).

Swoboda, Walter (1980): Fusion/Konzentration im Genossenschaftswesen. In: Eduard Mändle und Hans-Werner Winter (Hg.): Handwörterbuch des Genossenschaftswesens. Wiesbaden: DG Verlag, S. 532–552.

Thiesmeyer, Markus (2015): Situation deutscher Banken und Sparkassen: Zeit zu handeln – nur wie? In: Werner Böhnke und Bernd Rolfes (Hg.): Neuausrichtung der Banken – Auf der Suche nach Ertragsquellen und Eigenkapital. Beiträge des Duisburger Banken-Symposiums. Wiesbaden: Springer Gabler Verlag (SpringerLink: Bücher), S. 13–27.

Tiberius, Victor; Rasche, Christoph (2017): Disruptive Geschäftsmodelle von FinTechs: Grundlagen, Trends und Strategieüberlegungen. In: Victor Tiberius und Christoph Rasche (Hg.): FinTechs: Disruptive Geschäftsmodelle im Finanzsektor. Wiesbaden: Springer Gabler Verlag, S. 1–25.

Töfflinger, Christian; Brodnik, Branimir (2016): Kampf zwischen Innovation und Regulierungsdruck. In: *Die Bank* (04), S. 68–69. Online verfügbar unter https://www.wiso-net.de/document/DIBA__2016040070, zuletzt geprüft am 02.03.2017.

Trinkaus, Ulrich M. (2016): Ernst & Young Global Consumer Banking Survey 2016. Welche Bedeutung und Relevanz haben Banken für ihre Kunden noch? Ernst & Young. Online verfügbar unter http://www.ey.com/Publication/vwLUAssets/ey-global-consumer-banking-survey-2016-pressegespraech/$FILE/ey-global-consumer-banking-survey-2016-pressegespraech.pdf, zuletzt geprüft am 30.03.2017.

Vogelsang, Harald (2010): Durch Kooperationen Wettbewerbsvorteile der Sparkassen erhalten. Partnerschaftliche Zusammenarbeit ist kein theoretisches Modell, sondern bereits bewährte Praxis im hohen Norden. In: *Börsen-Zeitung* (78), B 2.

Wagner, Jan W. (2016): Total digital: Die Kredit-App. In: *Die Bank* (11), S. 56–57. Online verfügbar unter https://www.wiso-net.de/document/DIBA__2016110262.

Walker, Michael (2012): 5 V von Big Data. Online verfügbar unter http://informationcatalyst.com/vision-experience/big-data-value/, zuletzt geprüft am 21.04.2019.

Walter, Georg F. (2016): Geschäftsmodelle von Banken in Zeiten fundamentalen Wandels. Ein kleiner Strategiediskurs im Kontext „Digitalisierung". In: Marcel Seidel (Hg.): Banking & Innovation 2016. Ideen und Erfolgskonzepte von Experten für die Praxis. Wiesbaden: Springer Gabler Verlag (FOM-Edition, FOM Hochschule für Oekonomie & Management), S. 29–40.

Waschbusch, Gerd; Blaß, Robin; Berg, Susen Claire (2016): Zukunft der Bankfiliale. Auslaufmodell oder Erlebniswelt? In: *bank und markt* (05), S. 30. Online verfügbar unter https://www.wiso-net.de/document/BUMT__051601029, zuletzt geprüft am 04.03.2017.

Weidmann, Otto; Saffenreuther, Jens (2017): Definition Konditionsbeitrag. Online verfügbar unter http://wirtschaftslexikon.gabler.de/Archiv/12849/konditionsbeitrag-v7.html, zuletzt geprüft am 21.04.2019.

Wingendorf, Christian (2009): Aufsichts- und gesellschaftsrechtliche Anforderungen an den Risikomanagementprozess von öffentlich-rechtlichen Kreditinstituten bei der Fremdfinanzierung von Gebrauchsgütern. In: Wolfgang Brunner, Jürgen Seeger und Willi Turturica (Hg.): Kreditfinanzierung von Gebrauchsgütern. Das alltägliche Risiko. Wiesbaden: Gabler Verlag, S. 123–147.

Wirtz, Bernd W. (2003): Mergers & Acquisitions Management. Strategie und Organisation von Unternehmenszusammenschlüssen. Wiesbaden: Gabler Verlag (Lehrbuch).

Wolf, Silke (2016): Banken stehen vor enormen Herausforderungen. In: *Börsen-Zeitung* (55), B6. Online verfügbar unter https://www.wiso-net.de/document/BOEZ__2016055707, zuletzt geprüft am 04.03.2017.

Wollenweber, Leif Erik; Ruble, Jim (2017): Chancen und Sackgassen des klassischen Retail Bankings. In: Marcel Seidel (Hg.): Banking & Innovation 2017. Ideen und Erfolgskonzepte von Experten für die Praxis. Wiesbaden: Springer Gabler Verlag, S. 19–28.

Zayko, Dirk (2016): Die Zukunft qualifiziert und verlässlich vorhergesagt. In: *gi Geldinstitute* (06).

Zillmann, Mario (2015): Banken – Den digitalen Wandel gestalten. Wie Retailbanken die Optionen der „Digitalen Welt" nutzen. Online verfügbar unter https://www2.deloitte.com/content/dam/Deloitte/de/Documents/financial-services/Branchendossier_Finance_2015_Deloitte.pdf, zuletzt geprüft am 31.03.2019.

The manufacturer's authorised representative in the EU is Springer Nature Customer Service Centre GmbH, Europaplatz 3, 69115 Heidelberg, Germany. If you have any concerns regarding our products, please contact ProductSafety@springernature.com

Printed and bound by CPI Group (UK) Ltd, Croydon, CR0 4YY
24/04/2026
02096333-0006